# ACHIM ACHILLES

# ACHILLES' VERSE

## BAND II

Lerne Laufen ohne Leiden

WILHELM HEYNE VERLAG
MÜNCHEN

*Wichtiger Hinweis:*
Die Ratschläge in diesem Buch sind vom Autor und Verlag sorgfältig erwogen und geprüft. Sie bieten jedoch keinen Ersatz für kompetenten medizinischen Rat. Jede Leserin und jeder Leser ist für sein eigenes Handeln selbst verantwortlich. Alle Angaben in diesem Buch erfolgen daher ohne jegliche Gewährleistung oder Garantie seitens des Verlags oder Autors. Eine Haftung des Autors bzw. des Verlags und seiner Beauftragten für Personen-, Sach- und Vermögensschäden ist ausgeschlossen.

**Immer das Neueste von Achilles auf achim-achilles.de**

Verlagsgruppe Random House FSC-DEU-0100
Das für dieses Buch verwendete
FSC-zertifizierte Papier *München Super*
liefert Mochenwangen.

Redaktion: Susan Mücke

Originalausgabe 04/2009
Copyright © 2009 by SPIEGEL ONLINE GmbH, Hamburg, und
Wilhelm Heyne Verlag, München,
in der Verlagsgruppe Random House GmbH
Printed in Germany 2009
Umschlaggestaltung: Eisele Grafik-Design, München,
nach einer Idee von Anna Korolewicz
Satz: C. Schaber Datentechnik, Wels
Druck und Bindung: GGP Media GmbH, Pößneck
ISBN 978-3-453-60094-2

http://www.heyne.de

Gewidmet

*all den wunderbar bescheuerten Menschen,
die über Achilles lachen,
tolle Ideen liefern, sich durch Eisregen
zu Lesungen kämpfen oder
einfach nur mal was Nettes sagen
auf irgendeiner Laufstrecke dieser Welt –
und natürlich Mona.*

# INHALT

Laufen, Leiden, Lachen, Leben ........................ 11

ACHILLES' VERSE

  1. Ein Traummann für Charlotte Roche ............... 15
  2. Härter als Haile................................. 18
  3. Solariumskrähe und Leberwurst.................... 21
  4. Mein wunderbares Opfer.......................... 24
  5. Kampfschaf im Unterholz ......................... 27
  6. Qualen nach Zahlen.............................. 30
  7. Schinder mit Herz ............................... 33
  8. Leichtfüßig wie ein Flusspferd .................... 36
  9. Vom Zausel vorgeführt .......................... 39
10. Im Visier des Klemmbretts ........................ 42
11. Kuddel, der Held................................. 45
12. Quickstep im Dixi-Land .......................... 48
13. Igitt, Herpes .................................... 51
14. Der beste Tag des Jahres.......................... 54
15. Schamanenkaffee ................................ 57
16. Das ABC der Läufer-Ängste, Teil I .................. 60
17. Das ABC der Läufer-Ängste, Teil II.................. 63
18. Das ABC der Läufer-Ängste, Teil III ................ 67
19. Angst-Spezial: Furcht vor Frauen .................. 71
20. Britney in der Sprunggrube........................ 74

21. Kampf gegen das organisierte Erbrechen.............. 77
22. Hungerkrämpfe nach dem Waden-Burning .......... 80
23. Schenkel-Exhibitionismus pur ...................... 83
24. Die Wade ist der Blinddarm des Beines .............. 86
25. Never change a winning Sieben-Gänge-Menü ........ 89
26. Den Hals voll ..................................... 92
27. Packt die Bäuche wieder ein ....................... 95
28. Rocky statt Rezepte................................ 98
29. Dinner im Trainingsanzug ........................ 101
30. Ein Stachel namens Brad.......................... 104
31. Mein Feind, der Spiegel ........................... 107
32. Der Elefantenvibrator ............................ 110
33. Operation Wampentod ........................... 113
34. Kindheitstrauma Weidezaun...................... 116
35. Männer und ihre Möpse .......................... 119
36. Als die Saurier noch herrschten .................... 122
37. Ansichten eines Chauvi-Schweins................... 125
38. Achtung, Schnupfen!.............................. 128
39. Bammel vor dem Weißkittel ....................... 131
40. Rappeln im rechten Lappen ....................... 134
41. Blutdoping im Kuhstall ........................... 137
42. Hilfe! Alpen von Walkern verseucht! ................ 140
43. Der Klang des Eiweiß-Dopings..................... 143
44. Weck den Horst in dir ............................ 146
45. 60 Euro statt 60 Minuten.......................... 149
46. Retro-Rüdiger trifft Beischlaf-Blödmops............. 152
47. Die Uhr, der größte Feind ......................... 155
48. Liegestütze mit Koran ............................ 158
49. Biowaffe in Laufschuhen .......................... 161
50. Von Musterpapis und Pavianpopos ................. 164
51. Der rasende Rotzlöffel ............................ 167
52. Haufenweise fiese Köter........................... 170
53. Inmitten autistischer Dröhnschädel................. 173
54. Geisterläufer auf der Tartanbahn .................. 176

55. Der Knut vom Grunewald........................ 179
56. Tückischer Sockenrost........................... 182
57. Helden der Socken-Saga ......................... 185
58. Renaissance des Stützstrumpfes .................. 188
59. Cursus interruptus............................... 191
60. Massaker im Kleiderschrank...................... 194
61. Ein Fall für die Super-Nanny...................... 197
62. Ja, auch ich habe gedopt ......................... 200
63. Schlammfromme Schweinerei..................... 204
64. Fett, nicht fit .................................... 207
65. Glühwein mit Folgen ............................ 210
66. Höllenduell gegen den Hulk ...................... 213
67. Ein Weihnachten zum Davonlaufen................ 216
68. Ein bisschen Liebe und sehr viel Vernunft........... 219
69. Die Zehn Gebote des Winters ..................... 222

# LAUFEN, LEIDEN, LACHEN, LEBEN

Laufen ist immer Qual, egal, ob man läuft oder nicht. Die Wade reißt schon beim Schleifemachen. Und das ist erst der Anfang. Jeder Schritt ein Martyrium, oben, unten, überall. Wenn man nicht läuft, ist es allerdings noch schlimmer: Dann pocht das schlechte Gewissen. Wirklich wohl fühlt man sich allenfalls für ein paar wenige Minuten unmittelbar nach dem Laufen. Dann tut zwar alles weh, aber das schlechte Gewissen pocht etwas leiser.
Doch kaum tropft der Schweiß nicht mehr, geht das innere Psychomassaker wieder los. Anschwellendes Schweinehundgebrüll: »Letztes Jahr ging die Runde um den Schlachtensee aber noch bedeutend zügiger. Vor allem zweimal. Wenn schon nicht schnell, dann wenigstens nicht so kurz – hatten wir uns doch mal vorgenommen, oder? Wo kommt dieses Knarzen eigentlich her? Hüfte? Leiste? Leber? Kein Wunder, bei dem Lebenswandel. Aber immer große Fresse, von wegen Marathon. Und am Ende doch nur die Seniorenrunde im Schlurfmodus. Das soll laufen sein? Die Spaziergänger grinsen ja schon. Die überlegen, ob sie den Rettungswagen rufen. Kein Wunder, bei der lila Birne. Jupp Heynckes ist ein Albino gegen mich. Und Reiner Calmund ein Strich. Auf den Reklamefotos liegt dieses elend teure Laufhemd ganz eng an. Warum weigert es sich bei mir? Ich sehe aus wie ein verhängtes Kettenkarussell, das in Zeitlupe durch den Wald rollt. Läufst du noch oder stirbst du schon, du dicke, lahme Ente?«

Leider stimmt jedes Wort. Weghören geht nicht. Kommt ja von innen, und doch nicht zu überhören. Ich sehne einen Tinnitus herbei.
Laufen, das ist aber auch Hoffnung. Die Illusion, nach dem samstäglichen Gehechel durch den Grunewald nicht ganz so fertig zu sein wie beim letzten Mal. Die Vorstellung, dass die schnuffelige, kleine Praktikantin zufällig guckt, wenn man das Hosenbein an der Stuhlkante ein wenig emporschiebt, so dass ein Stück dieser plumpen, aber immerhin ziemlich harten Wade zu sehen ist, die wir just in diesem Moment bis zur Krampfstarre anspannen, ohne dabei angestrengt auszusehen.
Die schlimmste Hoffnung ist allerdings die auf Gelassenheit: Bewegung genießen, frische Luft einsaugen, nur mal zwei Minuten lang nicht auf die Uhr gucken. Einfach mal loslassen, empfiehlt die Vernunft. Würde ich ja gern, antwortet der Läufer, geht aber nicht. Laufen verhält sich zur Gelassenheit wie Dieter Bohlen zu Thomas Anders – eine völlig zerrüttete Beziehung.
Mal angenommen, der Dalai Lama würde laufen. Wie würde der kleine Tibeter das Training angehen? Erst mal lachen, als Grundhaltung. Hülfe ja schon eine Menge, wenn sich die notorisch maulende Läuferbande daran halten würde. Dann ein Viertelstündchen meditieren. Auch gut: Einfach mal gar nichts machen – mentales Walken. Verabschieden aus der bösen Welt da draußen und eintauchen ins Paradies, wo Wadenkrampf und Lungenbrennen wohnen.
Dann langsam loslaufen, ganz leicht und gut gelaunt. Kein Trainingsplan im Kopf, keine Uhr am Handgelenk, erst recht kein GPS oder Handy. Freies Laufen, ohne jede Vorgabe, ohne Ziel, ohne Druck. Kurz, Urlaub auf Luftpolstersohlen.
Schöne Vorstellung, aber leider völlig unrealistisch. Wer läuft, will Qual und Zweck. Anerkennung, abnehmen, Bestzeit rennen, von seinen Kollegen bestaunt werden. Zielloser Zen-Run funktioniert erst recht nicht, wenn der Ehrgeiz brennt. Wo kommen wir denn da hin, wenn Laufen auf einmal nur noch Spaß macht? Es ist die Angst, die uns treibt, nicht das Vergnügen.

Und so dreht sich der Läufer in einer endlosen Redundanzschleife der Dialektik: Hoffen und Bangen, Endorphinrausch und Suizidgedanken, Sucht und Unlust, Lachen und Leiden erzeugen ein stetes Feuerwerk der Emotionen, das uns mehr als ohnehin schon an uns zweifeln lässt.

Ein Mal, nur ein einziges Mal, wollen wir den großen Sieg, am liebsten über uns selbst. Aber die Anstrengung auf dem Weg dorthin umgehen wir mit allerlei Listen. Verträge mit uns selbst schließen wir nur, um sie alsbald frohgemut zu brechen. Natürlich könnten wir schneller sein und dünner. Aber jetzt gerade nicht. Nächste Woche vielleicht oder nächstes Jahr. Aber da klappt es wahrscheinlich auch nicht.

Trotzdem laufen wir weiter. Damit wir weiter leiden können. Lauf und Leid gehören zusammen wie Loki und Helmut Schmidt. Vergeblich bleibt jeder Versuch, die beiden zu trennen. Man kann sich aber ganz gut arrangieren mit dem fortwährenden Scheitern an den eigenen Erwartungen. Die Qualität der Ausreden wird mit den Jahren beständig besser.

Schöner scheitern, so lautet das Lebensmotto des Achim Achilles. Zahlreiche eindrucksvolle Beispiele dafür sind in diesem Buch dokumentiert, Kolumnen, die bei *Spiegel Online* erschienen sind. Die Resonanzen zeigen: Hobbyläufer Achilles ist offenbar nicht allein mit seiner emotionalen Resterampe. Viele Leser stellten nach Lektüre des ersten Bandes (*Achilles' Verse: Aus dem Leben eines Läufers*) erleichtert die Frage: »Achim, woher weißt du, wie es in mir aussieht?«

Achim weiß es gar nicht. Er schreibt nur auf, was tagtäglich in ihm wühlt, vor, während und nach dem Laufen. Offenbar aber ticken Läufer ziemlich synchron. Jeder kämpft zwar verbissen für sich, aber allein sind wir dennoch nicht. Denn im Kopf und in den Beinen passiert bei all diesen Alltagshelden dasselbe, im Magen und im Bett übrigens auch.

Die archaische Fortbewegung auf zwei Beinen ist eben mehr als ein Zeitvertreib: Laufen ist kollektives Bewusstsein, ein unsicht-

bares Band, das Millionen Menschen aller Kulturen, Generationen und Schichten zusammenhält. Die Sprache der Beine versteht man überall auf der Welt.
Für Millionen Freizeitathleten bedeutet Laufen Leiden, aber eben auch Leben, in seiner unkompliziertesten Variante. Wer läuft, wird leicht, vor allem dann, wenn er gar nicht daran denkt: Endlich mal ein Stündchen ohne Arbeit und ohne Handy, ohne Druck, Generve und Ästhetikdiktat. Stattdessen einfach nur Schritt für Schritt und immer nach vorne. Was sind dagegen schon die leisen Quietscher des Hüftgelenks oder das Pieken des Fersensporns?
Laufen ist Leiden, aber voller Freude.

# 1.
# EIN TRAUMMANN FÜR CHARLOTTE ROCHE

*Markenmonster oder Speckschürzenträger, Feuchtgebiet oder Betonscheitel: Achim Achilles hat die Läuferszene genau analysiert. Er gibt einen Überblick zu den unterschiedlichen Erscheinungstypen – und ergründet die Erotik des Laufens.*

Erotik ist ja eine feine Sache: knackige Körper in einen Hauch von Nichts gehüllt, anmutige Bewegungen und geheimnisvolle Geräusche.
Läufer erfüllen all diese Kriterien, vor allem im Sommer, wenn ihre semitransparenten Funktionshemden den Körperstahl nachzeichnen. Unter der eng anliegenden Laufhose signalisieren ein letzter Rest von Männlichkeit und angestrengtes Hecheln den Betrieb der Vitalfunktionen. Und doch schaffen es weder Läufer noch Läuferin, auf den Waldwegen dieses Landes erotisches Knistern zu erzeugen, sondern vielmehr angewiderte Blicke.

Hier die Hitliste der schlimmsten laufenden Lustkiller:

**Das krümelnde Feuchtgebiet**
Das angegilbte Trägerhemd gibt den Blick auf Achselhaardickicht frei, das sich mit dem langflorigen Rückenpelz zu einem Tau flechten ließe, mit dem Containerschiffe an der Mole festmachen. In den Mundwinkeln trägt der Sportsfreund dreilagige weiße

Trockenspeichelkrümel, seine Laufhose ist überzogen von hellbeigefarbenen Wellenlinien, über deren Herkunft man lieber nichts wissen will. Dieses mobile Feuchtgebiet schwitzt derart, dass Nachlaufende einem warmen Regen menschlicher Stressfeuchte ausgesetzt sind. Das säuerliche Aroma lässt auf sparsamen Gebrauch von Duschwasser und Reinigungsmittel schließen. Der Traummann für Charlotte Roche.

**Der Betonscheitel**
Schwarze Hose, weißes Hemd, Kniestrümpfe, das Haar mit dem Winkelmesser gescheitelt. Atmet »Fööf-fööf-fööf«. Grüßt nicht, schwitzt nicht, riecht nicht. Wahrscheinlich frühpensionierter Bundeswehroffizier. Mit Generalsmütze und einem Paar schwarzer Reiterstiefel der ideale Freizeitgestalter für führende Formel-1-Funktionäre.

**Die Speckschürze**
Natürlich ist das Geglotze peinlich, aber man muss einfach immer wieder hingucken, weil man beim besten Willen nicht glauben kann, dass jemand freiwillig so herumläuft. Nur der beherzte Sprung vom Kleiderschrank hat es möglich gemacht, dass dieser Leib seinen Weg in das ultraenge Oberteil und die abschnürende Laufhose fand. In der Körpermitte quillt eine wobbelnde Feistfalte hervor, die an Luftballondackel erinnert. Wampe ist ja nun wirklich kein Problem. Aber man muss sie doch nicht gleich allen zeigen. Offenbar kein Spiegel zu Hause und auch sonst keinen Geschmack. Bei jedem Schritt verschärftes Speckschürzenwippen. Garantiert eine Alternative für die Fans von Montserrat Caballé und Tine Wittler.

**Das Markenmonster**
Vom Stirnband bis zum Schuh in einer Marke unterwegs. Entweder Neuling, der sich im Schnäppchenmarkt ein Laufset gegönnt hat, Mitarbeiter einer Sportartikelfirma oder ein besonders einfältiger Zeitgenosse, der glaubt, dass man im Wald genauso aussehen muss wie die Schmierlappen in der Tageszeitungsbeilage.

**Das String-Tier**
Was in Deutschlands Shoppingmalls nicht auszurotten ist, darf auf den Laufstegen des Landes natürlich nicht fehlen: Unterwäsche, die hinten total zufällig aus der Hose lugt. Backfische präsentieren Polyacrylspitze vom Grabbeltisch, Kindergartenknirpse ihre Benjamin-Blümchen-Unterbuxe und die Läuferin zerrt gern den G-String in sexy mausgrau bis zum Halswirbel. Immerhin werden damit weite Teile des wuchtigen Arschgeweihs überdeckt. Weitere Bauernmalereien meist an Oberarm (Stacheldraht) und Wade (Rosenkranz). Auf diese Modelle stehen Lothar Matthäus, Rolf Eden und Paul McCartney.

**Der Styler**
Eigentlich gar kein Läufer, sondern ein Poser. Kariertes Kurzarmhemd, Karosocken, Skaterschuhe und Bollerhose aus dem Surferbedarf. Läuft nicht, sondern watschel-trampelt. Die gewollt strähnige Frisur sitzt wie mit Dreiwettertaft an den Schädel geschweißt. Nach etwa 20 Minuten lockeren Laufs dürfte die Reibung der schicken Klamotten ausnahmslos alle empfindlichen Stellen des Körpers in Hackepeter verwandelt haben. Auch egal. Trifft selten die Falschen.

**Der Grufti**
Ausnahmslos in schwarz unterwegs. Schon von weitem zu hören, weil die drei Pfund Edelstahl, die an allen Körperöffnungen befestigt sind, lustig im Schrittrhythmus klimpern. Blick stets gesenkt, Geschlecht nur selten zu erkennen. Tempo eher mäßig. Kein Wunder, bei dem Gepäck.

**Das scheue Reh**
Dezente Farben, welche die schmackige Silhouette betonen, kurze weiße Socken, ausgeprägter Kniehub, ein Lächeln wie die junge Franzi van Almsick. Eine Frau wie ein Yeti – alle reden von ihr, aber kaum einer hat sie je gesehen. Und wenn, dann nur kurz. Sie war leider viel zu schnell.

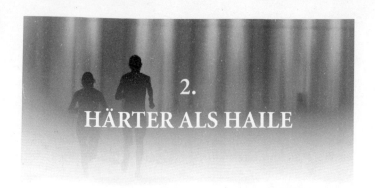

# 2.
# HÄRTER ALS HAILE

*Erst der innere Schweinehund, dann auch noch Nachbar Roland. Achim ist umgeben von Laufbremsen. Aber echte Kämpfer lassen sich auch von guten Ausreden nicht aufhalten.*

Eigentlich hätte ich heute 15 schnelle Kilometer absolvieren sollen. Aber mein kleines fieses Haustier »Pigdog« hielt mich wieder mal davon ab. Pigdog ist ein Schweinehund, ein Dobermann mit Ferkelkopf, manchmal auch ein fettes Hausschwein mit Bernhardinervisage. Fortwährend pflanzt er gemeine Gedanken in mein Hirn. »Vorsicht Übertraining!«, hatte Pigdog den ganzen Tag lang gewispert.
Der Schweinehund hatte natürlich Recht: Mein bisschen Form sollte ich wenige Tage vor dem Halbmarathon in Reinickendorf nicht aufs Spiel setzen. Ich entschied mich für aktive Erholung und nahm Monas Nassrasierer mit in die Badewanne. Die wenigen Mitläufer, denen ich davonstolpern würde, sollten nicht auf Putzwollwaden starren müssen.
Kaum war ich mit dem stumpfen Mistding an der heiklen Stelle zwischen Unterwade und Oberferse angelangt, da gellte Monas Kasernenhofschrei ins Bad. Ich verstand nicht, was meine wunderbare Frau schon wieder wollte, dafür jagte ich den Stahl vor Schreck tief ins Fleisch. Autsch, verdammt. Tiefrotes Blut vermischte sich mit Rasierschaum und Borsten zu einer Masse, die an Grießbrei mit Himbeersoße erinnerte.

Mir wurde schwindlig. Ich kann kein Blut sehen, schon gar nicht mein eigenes. Ich brauchte sofort eine Eisenfusion. Mein Start war gefährdet. Achim Fuentes hätte doch ein paar Beutel im Drei-Sterne-Fach lagern sollen. Aber die Gattin wollte keinen Hochleistungstreibstoff zwischen Spinat und Hühnerklein. Sie mosert ja schon wegen der Magnesiumrohrpalisaden, die ihr den Zugriff auf den Früchtetee verbauen.

Mein Monalein brüllte ein zweites Mal, diesmal lauter: »Achim, Besuch für dich!« Besuch? Für mich? Wer zum Walker stand an einem Montagabend um halb neun vor der Tür? Haile? Der Gerichtsvollzieher? Pigdog persönlich? Ich wickelte mehrere Lagen Klopapier ums Bein, sprang tropfend aus der Wanne in den Bademantel und schlitterte in den Flur.

In der Wohnungstür stand Roland, unser Nachbar. Er hatte eine Flasche Rotwein im Arm. Roland arbeitete in einer PR-Agentur und wohnte im Dachgeschoss. Ein notorischer Single, der sein Geld in schicke Bars und feine Klamotten investierte, damit am Ende aber auch nicht mehr Spaß hatte als ich mit Mona und den Kindern. »Haste mal fünf Minuten?«, fragte Roland und schwenkte die Flasche. Ich fischte ein Haarbüschel aus dem Mundwinkel und nickte.

Eigentlich hätte ich maximal einen Teelöffel Molke zum Abend einnehmen dürfen, angesichts meines reduzierten Trainings. Aber Roland sah hungrig aus. Und Mona war ausgerechnet heute beim Käsemann gewesen. Ich stellte die Gläser auf den Tisch, schnitt eine Birne wegen der Enzyme und bohrte das Messer in den Greyerzer. Roland druckste herum. Verspannt wie immer. Typisch metrosexuelles Reklame-Weichei. »Ähm, Achim ...« Ich nickte und befreite die Flasche vom Korken. Roland und der Rotwein holten Luft. »Du kennst dich doch mit Laufen aus«, sagte mein Nachbar schließlich, »ich will das jetzt auch mal probieren.«

Hoho. Deswegen hatte mein feiner Nachbar so herumgedruckst. Seit Jahren hatte sich Roland über mich und meinen Titanensport lustig gemacht. Er fühlte sich überlegen, weil er alle Fitnessstudios der Stadt ausprobiert hatte, Bodytoning, Ayurveda, Epilation, und ich immer nur lief.

Aber als ich ihn eines Tages mit dem Pilates-Buch von Barbara Becker auf der Treppe erwischt hatte, drehte sich das Kräfteverhältnis. Ich mochte struppig und verstunken sein, aber immerhin hatte mein Treiben noch entfernte Ähnlichkeit mit Sport. Roland dagegen war endgültig in der Wellness-Sackgasse gelandet, dieser postmoderne Anstrengungsvermeider, ein durchgestylter Sportdarsteller, der seine Edelsneaker mit Dutyfree-Deo aussprühte.

Zur Strafe war er die letzten Jahre immer moppeliger geworden, auf jeden Fall mehr als ich. Und jetzt saß er wie Uschi auf unserer Küchenbank und wollte laufen lernen, ausgerechnet von mir. Ich stürzte den Wein kehlabwärts und guckte wie Mickey Goldmill.

»Kannst du dich quälen?«, fragte ich. Roland nickte.

»Willst du alles geben?« Roland zögerte und nickte.

»Bist du bereit für ein neues Leben?« Roland schluckte und nickte. Ich sagte ihm nicht, dass er mental deutlich weiter war als ich.

Die Rolle als Coach gefiel mir. Ich würde Roland herumkommandieren wie Mona sonst mich.

»Es wird wehtun, oder?«, flüsterte Roland. Ich nickte düster. »Morgen um sieben unten an der Haustür«, befahl ich. Roland stand auf und reichte mir die Hand. »Abgemacht.«

Mist. Damit hatte ich nicht gerechnet. Als Roland gegangen war, genehmigte ich mir noch ein Glas Wein. Nicht nur Roland hatte ein Chance, sondern auch ich. Neustarts kann es in einem Läuferleben nie genug geben.

# 3.
# SOLARIUMSKRÄHE UND LEBERWURST

*Die Fitness-Operation »Roland« stellt sich für Achim schwerer als erwartet dar. Er hat mit Rotwein, Anfängergehabe und einem Fitnessguru zu kämpfen. Der Versuch, durch hartes Training zu beeindrucken, endet in bitterer Selbsterkenntnis.*

Warum nur hatte ich mich mit Roland um sieben Uhr morgens verabredet? Unser birnenförmiger Nachbar wollte mit dem Laufen anfangen. Ausgerechnet mich hatte er sich als Coach ausgesucht. Aber warum mitten in der Nacht? Weil ich Trottel meinte, mit Läuferhärte angeben zu müssen: Es gibt kein zu früh, zu lang, zu schnell, hatte ich am Abend vorher nach dem dritten Glas Rotwein gestrunzt.

Die üblichen Sprüche halt, die Läufer gegenüber Nicht-Läufern machen, um sie einzuschüchtern. Dabei ist es bestimmt drei Monate her, dass ich zum letzten Mal so früh trainiert habe, vielleicht auch schon drei Jahre. Roland hält mich seit gestern Abend für einen knallharten Rund-um-die-Uhr-Athleten. Falscher schätzte nicht mal Mona meine Frondienstbereitschaft ein.

Roland trippelte schon im Hausflur, als ich um Punkt fünf nach sieben die Treppe hinuntergewankt kam. Der Rotwein hatte meinen Gaumen mit einem festen Pelz ausgekleidet. Roland sah aus wie der späte Elvis. Sein weißer Trainingsanzug spannte und stammte aus der Zeit, als man B-Kadett fuhr. Er hatte ein Hand-

tuch um den Hals geschlungen wie Rocky, fummelte nervös an seiner käsestullengroßen Pulsuhr mit Mondkraterortung, schob seinen Pulsmessgurt mal über, mal unter seine Bierbrüste und trug Schuhe mit genug Chromsilber, um alle Plateaustiefel von The Sweet zu beschlagen – die perfekte Wildschweinscheuche.
»Ziehst du dich im Auto noch um?«, fragte ich. Roland war empört. »Ich war extra im Ausdauertempel. Die haben gesagt, dass Pulsuhr und Schuhe wichtig sind, der Rest sei erstmal egal. Ich habe ein Vermögen ausgegeben.«
Volkswirtschaftlich sind Anfänger wie Roland ein Segen. Mögen die Finanzmärkte auch zusammenbrechen – Laufnovizen gucken im Sportgeschäft genauso wenig auf Preisschilder wie Oligarchen im Superyachtladen. Beide glauben an die geheimnisvolle Kraft des Teuren. Ich musterte Roland wortlos: Offenbar gibt es für Pulsmessriemen jetzt auch schon Verlängerungen wie bei Flugzeuggurten.
Zum Glück hatten wir entschieden, unseren ersten gemeinsamen Lauf weitab der Zivilisation zu absolvieren. Mit diesem Amateur musste mich nun wirklich keiner sehen. Wir fuhren mit dem Auto Richtung Grunewald. So früh ist bestimmt noch kein Berliner auf den Beinen, dachten wir. Aber leider alle Zuwanderer. Nach fünf Minuten standen wir im ersten Stau.
Roland kaute an einem Powerbar und dozierte aufgeregt sein Internetwissen. »Magnesium und Eisen habe ich schon eingenommen«, sagte er und erwartete Lob. Ich schwieg. »Wir müssen zuerst meinen Maximalpuls bestimmen«, erklärte Roland, »und auf den Kniehub achten.« Man sollte Laufnovizen die ersten drei Monate auf Google-Entzug setzen.
»Wir laufen erst mal locker los und schauen, wie weit wir kommen«, schlug ich vor. »Aber mein Maximalpuls ...«, protestierte Roland. »Der kommt von alleine«, sagte ich. »Doktor Strunz sagt, dass man zehn Kilometer in 40 Minuten laufen muss, sonst ist man eine Parkschleiche.« – »Nee, klar«, erwiderte ich, »und zum Aufwärmen laufen wir schnell einen Halbmarathon.«

Roland guckte interessiert. Er hatte nicht die geringste Ahnung von unserem schönen, edlen Ausdauersport, aber als Werbeheini war er es gewohnt, sich in allen Lebenslagen mit flachem Halbwissen zu behelfen. Sätze, die mit »Doktor Strunz sagt ...« anfangen, enden selten mit Endorphinschüben.
Was fällt dieser Solariumskrähe überhaupt ein, alle Läufer zu beschimpfen, die länger als 40 Minuten für zehn Kilometer brauchen? Ich fühlte mich diskriminiert. Was sollte ich denn meinem Schüler Roland sagen? Dass ich noch nie in meinem Leben unter 40 Minuten geblieben bin? Und dass es mich endlose Selbsttherapien gekostet hat, damit fertig zu werden? Derlei Bekenntnisse würde meine Autorität als Coach unwiederbringlich zerstören: Parkschleiche trainiert Leberwurst. Danke, lieber Dr. Strunz.
Ich hatte mir die Trainerrolle einfacher vorgestellt. Am liebsten hätte ich Glitzer-Roland zusammengepfiffen, einfach so, aus Freude am rauen Ton. Aber der Weg des Shaolin erschien mir ratsamer. Sollte der Depp seine eigenen Erfahrungen machen. An Niederlagen konnte man sich nicht früh genug gewöhnen. Auf dem Parkplatz wollte Roland stretchen, er hatte Vorlagen ausgedruckt. »Schnickschnack«, erklärte ich und verordnete: »Viermal um den See in 40 Minuten, das kriegt eigentlich jeder Anfänger hin.« Eine Runde machte ziemlich genau zweieinhalb Kilometer.
Roland guckte gelehrig wie ein Spaniel und jagte von dannen. Ich trabte locker hinterher und freute mich auf das Schauspiel, das mich erwartete.

# 4. MEIN WUNDERBARES OPFER

*Peinliche Pausen: Achim will Nachbar Roland das Laufen beibringen, riskiert dabei allerdings, sich zum Gespött seiner Sportsfreunde zu machen. Doch das qualvolle Training wird sich irgendwann auszahlen – allerdings nicht unbedingt für Roland.*

Es dauerte nicht lange, bis ich Roland eingeholt hatte. Mein Nachbar klebte wie ein schlabbriger Baumpilz an einer stolzen Eiche und pumpte jämmerlich. Im Gesicht trug er die Modefarbe des Jahres: kräftiges Aubergine. »Ich verstehe das nicht«, japste er, »früher bin ich tagelang gerannt.«

Früher, früher, früher. Da waren wir auch unter 40 und die Reizweiterleitung im Hirn funktionierte halbwegs. Mit dem Alter allerdings kommt der Kurzschluss. Und der führt unweigerlich zu Leistungsabfall. Das erzählte ich Roland natürlich nicht. Dieser verpeilte Single-Mann aus dem Dachgeschoss unseres Schöneberger Miethauses hatte mich ja zu seinem Coach erwählt, damit ich ihm Ausreden vorsagte.

Wir waren auf unserem ersten gemeinsamen Lauf, und schon in diesen ersten Sekunden sollte sich unsere gemeinsame Zukunft entscheiden. Wie jeder gute Sportsmann hätte ich Roland von Herzen gern als Schlappschwanz verhöhnt, als ahnungslosen Uschi-Walker, den man am besten im Wald liegen ließ.

Andererseits erinnerte ich mich an jene wunderbare Zeit, als ich selbst mit dem Laufen begann: Jeder Schritt ein Abenteuer. Mit jedem Atemzug wuchs die süße Angst vor Schmerz und Kollaps. Jeder Kilometer war ein unbeschreiblicher Triumph. Bald fühlte man sich als Mitglied eines Geheimbundes, größer als der ADAC, mächtiger als der Feminismus, irrer als Rosenstolz-Fans.
Ich beschloss, Roland eine Chance zu geben. Er war zwar ein elendes Großmaul und so peinlich angezogen wie ein Kölscher Karnevalsprinz. Aber er war eben auch mein Nachbar, zudem mit Lauffreude gesegnet. Leider kaum mit Talent. Roland würde für die nächsten Jahre ein wunderbares Opfer abgeben, dem ich locker davonlaufen könnte. Er würde gar nicht umhinkommen, mich zu bewundern. Klare Sache: Roland musste gepflegt werden. Er würde mein zweibeiniges Motivationsprogramm sein.
Vorsichtig tätschelte ich seinen zitternden Rücken. »Los, wir gehen ein paar Meter.« Roland nickte. Bis vor zehn Minuten dachte er, alles übers Laufen zu wissen. Er hatte zwei Ausgaben von *Runner's World* gelesen: »In drei Wochen zum Marathon unter zwei Stunden« und derlei Versprechen mehr. Meine Güte. An Trottelnovizen wie Roland spürt man seine umfassende Erfahrung auf den Waldwegen dieser Welt. Im Zweifelsfall immer einen Gang zurück, heißt die Devise. Schnell kann jeder.
Roland machte ein paar vorsichtige Schritte. Seine Knie wackelten. Großherzig verzichtete ich auf Trab und marschierte. Von hinten plötzlich Getrappel, das nach einer nahenden Rhinozerosherde klang. Ich musste mich nicht umdrehen, um zu wissen, dass Läufer kamen. Ich hatte noch nicht mal einen Kilometer mit meinem neuen Schüler absolviert, da stürzte er mich schon in Peinlichkeiten. Läufer, die nicht laufen, müssen schon sehr gute Erklärungen vorweisen, um gehen oder stehen zu dürfen. Wir hatten objektiv keine.
Ich beugte mich zu Rolands Knie. Sie sollten denken, dass er verletzt sei und wir deswegen walkten. »Was machst du da?«, fragte Roland, natürlich viel zu laut. »Dein Knie!«, zischte ich. »Ist völlig

okay«, sagte Roland. Ich versuchte ein Lächeln für die Sportsfreunde, als sie uns überholten. Ihre Gesichter kamen mir bekannt vor. Klar, schließlich teilten wir seit Jahren das Revier. Matt hob ich die Hand zum Gruß. Doch die Gruppe grinste nur kollektiv und erhöhte das Tempo. Ist der Ruf erst ruiniert, walkt sich's gänzlich ungeniert. »Blöde Angeber«, zischte ich. Roland glotzte und verstand gar nichts. Er fühlte sich zwar als Mitglied unserer Sekte, aber er kapierte unsere Sprache nicht. Anfänger sind anstrengend.

Wir marschierten weiter. Als sich Rolands Gesichtsfarbe von Aubergine über Tomate Richtung Kürbis entwickelt hatte, guckte ich eisig wie jene Jutta Müller, die einst Kati Witt zu Ruhm und Ehre gecoacht hatte. Schluss jetzt mit dem ewigen angelesenen Gequatsche. »Eine Minute laufen, eine Minute gehen«, befahl ich. »Zehn Mal. Und ganz wichtig dabei: Schnauze halten.« Roland war zu schwach, um Dr. Strunz zu rezitieren. Er schwieg tatsächlich. Wir trabten los, so langsam, dass ich aufpassen musste, nicht umzukippen. Roland schnaufte, auch in den Gehpausen.

Wir schafften tatsächlich zehn Einheiten, schweigend. Kaum war die letzte beendet, sprudelte Roland los. »War das jetzt echtes Training?«, fragte er erwartungsvoll. Mit Rücksicht auf sein Selbstwertgefühl murmelte ich etwas, das man als Zustimmung interpretieren konnte. Es würde ein langer, harter Weg werden mit uns beiden.

# 5. KAMPFSCHAF IM UNTERHOLZ

*Walker sind für Achim schon schlimm, aber meist harmlos. Stehen ja meistens. Hunde dagegen machen ihm richtige Sorgen. Sorgen? Vierbeiner – das pure Grauen. Erst recht, wenn sie im Tannenwäldchen lauern.*

Als der liebe Gott den Hund schuf, hatte er keinen guten Tag. Statt eines selbstbewussten klugen Gefährten gab er dem Menschen ein verschlagenes, verfressenes, devotes und schlecht erzogenes Biest zur Seite.

In Sachen Hund hat der Herr sich leider verschöpft, so wie bei Mücke, Kaiman, Kellerassel und Walker. Seither müssen wir mit den Kötern leben, die dem Läufer jedes Jahr in neuen Größen, Formen und Farben auflauern, vor allem aber der Erziehungskrise in Deutschland ein bisher unbearbeitetes Kapitel hinzufügen. Denn zu jedem Hund gehört auch ein Leinenträger, der von Tierpädagogik nichts versteht.

Die Biester können noch so blöd sein, aber das Schnappen nach sportgestählten Waden kriegen sie immer hin. Vor allem, wenn das Herrchen außer Ruf-, Sicht- und Gehorsamsweite ist.

Am Wochenende erst habe ich Bekanntschaft geschlossen mit einem besonders perfiden Hundespielzeug: Aus heiterem Himmel fiel mir ein grüner Plastikball vor die Füße, als ich versonnen durch den Tann federte.

Plötzlich bricht ein schwarzes Kampfschaf aus dem Unterholz und stürzt auf mich zu. Ich schreie, kicke den grünen Ball ein Stück weiter und ziehe das Tempo an. Das haarige Ungeheuer wetzt knurrend hinter mir her. Ich werde schneller, das Monster auch. Von irgendwoher ein Pfiff. Ohne Folgen. Ich hechle: »Jaaa, ist ja gut, jaaja, braves Hundchen.«
Aber das Schaf will kein braves Hundchen sein. Das Hundehirn kennt nur Darwin. Er riecht meine Panik. Er fühlt sich überlegen. Er ist unfähig zum Mitgefühl. Er schnappt nach meinen Füßen, nach dem grünen Ding. Ich kicke den Ball wie Beckham 100 Meter den Weg entlang. Das Viech wetzt hinterher. Ich biege ab. Gerettet.
Eine Frau in britischer Waffelweste kommt mir entgegen, in der Hand ein grüner Schleuderstock. Damit kann man Bälle weit und vor allem unkontrolliert durch die Gegend pfeffern. »Haben Sie einen schwarzen Hund oder einen grünen Ball gesehen?«, fragt sie in einem Ton, als müsse ich mich für meine Anwesenheit im Wald entschuldigen. »Ach, ein Hund war das?«, entgegne ich, »vielleicht spendieren Sie ihm hin und wieder mal eine Dose Chappi, bevor er sich frei laufendes Fressen im Wald reißt.« Die Burberry-Braut ignoriert mich. Wahrscheinlich war die Töle der Trendhund des Frühjahrs, nur ich habe es wieder nicht gemerkt.
Der Hundeterror nimmt besorgniserregende Ausmaße an. Immer sonntags um zehn trifft sich eine komplette Hundestaffel am Parkplatz Fischerhüttenweg: Schnauzerclub Zehlendorf. Ich dachte immer »Der will nur spielen« sei eine dämliche Spruchfindung. Stimmt aber nicht: Sie sagen es wirklich. So lange, bis ihre Killer mit einem Bein im Maul nach Hause kommen. Heute ist wieder Übungsstunde, die einfachste Lektion: Halt den Schnauzer. Manches Frauchen scheitert schon an dieser Übung.
Es gibt zwei Sorten von Leinenträgern. Die einen schnarren knappe Kommandos. Und ihr Fiffi reagiert tatsächlich, wie mit dem Joystick gesteuert. Die anderen wedeln hilflos mit den Armen umher und erteilen sechs Kommandos in fünf Sekunden, während ihre

Vierbeiner kläffend umherspringen, bevorzugt an unbeteiligten Läufern empor. Oder sie zerren halbe Bäume aus dem Dickicht, um damit den ganzen Weg zu versperren. Hunde gehen nie aus dem Weg, selbst, wenn man den Showdown wagt und bis zur letzten Millisekunde auf sie zuläuft. Unmittelbar vor der Kollision schütteln sie sich fünf Hektoliter Seewasser aus dem Fell, dessen Geruch jede Marathonsocke toppt. Den grienenden Besitzern sollte man ihre nassen Tiere einfach links und rechts um die Ohren hauen.

Geht aber nicht, weil in Deutschland Hunde-süß-find-Pflicht herrscht – erst recht bei Welpen. Neulich erst sprang so ein tapsiges Etwas über den Weg am See, wirklich putzig. Frauchen in Begleitung von drei fülligen Hundeversteherinnen probierte offenbar zum ersten Mal die Schnappleine am lebenden Tier aus. Weder Besitzerin noch Trottelwelpe kannten sich damit aus, weshalb sich ein meterlanges Stolperband über den Weg spannte. Sie fummelte hektisch am Plastikgriff, der Hundezwerg hoppelte zart gewürgt umher, und ich kam mit den Füßen in die Leine. Beim Entwirren muss ich dem Hundebaby, völlig unabsichtlich, einen leichten Kick gegeben haben. Jedenfalls jaulte Struppi zum Gotterbarmen.

Und plötzlich machten vier empörte Welpenmuttis Jagd auf mich. Natürlich war ich schneller. Aber ich hörte ihre Rufe noch über Kilometer. »Haltet den Tierquäler!«, brüllten sie durch den Wald, »Hundeschänder!« und »Polizei!«. Hundebesitzer haben offenbar einen Synapsenfehler im Hirn. Bei ihnen sind die Begriffe »Täter« und »Opfer« einfach vertauscht.

Sicherheitshalber bin ich keine weitere Runde um den See gelaufen. Die Hundemamis warteten bestimmt auf mich, mit Knüppeln und Hunderten von Verbündeten. Gegen Köter und ihre fanatischen Besitzer versagt selbst die Krone der Schöpfung: der Läufer.

# 6.
# QUALEN NACH ZAHLEN

*Mona Achilles hatte bislang kein gutes Händchen für Läufergeschenke. Nie kann sie es ihrem Achim recht machen. Diesmal zum Geburtstag allerdings hat sie ins Schwarze getroffen.*

Mona ist ein Goldstück, die wunderbarste Gattin der Welt, aus dem Läuferhimmel gefallen, direkt in meine Arme. Schon nach 13 Hochzeitstagen, 16 Weihnachtsfesten und 15 Geburtstagen hat sie mit einem Geschenk für mich richtig gelegen, getroffen mitten ins Sportlerherz. Meine Marzipan-Mamba guckte ganz leutselig, als sie mir morgens im Bett die Papierrolle übergab. Die Kinder hüpften derweil auf meinen muskelverkaterten Beinen und überreichten Selbstgemaltes.
Ich war vorauseilend benebelt von den vielen Kohlenhydraten, die ich beim Geburtstagsfrühstück einfahren würde. Feuerwerk der Sinne. Mona hatte sogar sündteure Gänseleberwurst für mich besorgt. Eigentlich will ich Hundeleberwurst, am besten vom Dobermann, sofern er mit Dackeln gestopft ist – und die wiederum mit Dalmatinerbabys.
Eine Papierrolle als Geschenk also, umwickelt mit einer großen roten Schleife. Fehlte nur das Siegel. Im Theater wickelt der König solche Papierrollen auf und verkündet die Hochzeit seiner Tochter. Oder ein Todesurteil. Ich bekam es mit der Angst zu tun. Kästchenartige Präsente sind mir vertraut, da sind

Uhren drin oder anderer technischer Kram, zur Not Manschettenknöpfe.
Unverdächtig ist auch unbeholfen Verpacktes in Wurst- oder Lappenform. Da kann man sicher sein, dass der Knubbel Socken beherbergt, mit Dusel einen Kaschmirpullunder, bei Extrem-Glück sogar in akzeptabler Farbe. Oder gar ein neues Laufhemd.
Was aber verbirgt sich in Papierrollen? Gutscheine natürlich, die tückischsten unter den Präsenten. Gutscheine-Schenken ist wie Walken: Macht man nur, wenn es gar nicht anders geht. Ganze Industriezweige leben von Gutscheinen, die nie eingelöst wurden. Mona würde mir nie einen Gutschein für etwas schenken, bei dem sie nicht beteiligt wäre. Klare Sache: ein Wellness-Wochenende an der Ostsee, mit Whirlpool und Aromaeinlauf. Stundenlange peinliche Stille beim biologischen Abendessen, wenn man am Fenchelsteak herumwürgt, während André Rieu die Ohren kandiert. Nur die dröhnenden Rheinländer mit dem Mercedes-Coupé quatschen am Tisch nebenan ohne Luftholen von Sylt, wo alles besser ist.
Das wird das teuerste Trainingslager meines Lebens. Nur wenn ich Mona eine Massage, Peeling, die Lavastein-Behandlung, eine Qi-Gong-Sitzung und dreimal Reiki bezahle, gewinne ich ausreichend Zeit für fünfmal Laufen. Zählen Strandspaziergänge eigentlich als Regenerationstraining? Wahrscheinlich nicht, denn Strand im Winter mit Frauen ist immer gleich. Erst haben sie dieses Leuchten in den Augen und behaupten, sie wollten sich mal so richtig den Kopf freipusten lassen. Doch kaum ist man zehn Minuten gegen den Wind gelaufen, fangen sie an zu jammern, dass ihnen kalt ist und dass sie irgendwo einkehren möchten.
Vorsichtig ziehe ich die Schleife auf. Ich werfe Mona einen Kontrollblick zu. Sie guckt verdächtig, irgendwie stolz, nein, eher frech. Jedenfalls ist es kein Wellness-Erwartungsblick. Ich entrolle das Stück Papier. In der Tat: ein Gutschein. Das erste Wort, das meine Augen erhaschen, lautet: Marathontraining. Unruhig hüpft

mein Blick über das Papier: »Jeder kann seine Bestzeit knacken«, steht da, »systematischer Aufbau« und »für erfahrene Läufer«. Start: Morgen.
Ich gucke Mona an. Ich weiß nicht, was ich sagen soll. Gleich wird sie fragen, ob ich mich freue. Mona guckt zurück: »Na, freust du dich?«, fragt sie lauernd. »Ja, sicher«, stottere ich, »aber welcher Marathon denn?« Mona guckt triumphierend: »Na, Hamburg, den wolltest du doch unter vier Stunden laufen. Da habe ich dich gleich angemeldet.«
Ach du Schreck. Die nächsten Monate surren in Millisekunden durchs Hirn: Trainer, Stoppuhr, andere Läufer, schnellere Läufer, dünnere Läufer, fleißigere Läufer, talentiertere Läufer, ich immer hinterher mit einem Rucksack voller Excellisten. Qualen nach Zahlen, und dann doch wieder Fiasko an der Elbe – habe ich das gewollt?
»Toll, Schatz«, sage ich, »ganz toll.« Ich werde versagen. »Da sind höchstens sechs Leute in der Gruppe«, erklärt meine Gattin, »oder acht.« Na prima, kann man sich also nicht mal verstecken. »Und im März ist ein Trainingslager«, fügt sie hinzu, »das schenke ich dir zum Geburtstag.« Herzlichen Glückwunsch.

# 7.
# SCHINDER MIT HERZ

*Mona hat Achim zum professionellen Training angemeldet. Was ihn bei der Läufergruppe erwartet, weiß er nicht so recht. Busenfreunde oder Bundeswehr?*

Mit dem Auto zum Laufen zu fahren ist eigentlich Unsinn. Es wäre trainingstechnisch klüger, locker dorthin zu traben und hinterher zurück nach Haus. Roland hatte gesehen, dass ich in Laufklamotten ins Auto stieg. Er winkte von der anderen Straßenseite. Mein Nachbar hatte seine Laufversuche sehr bald wieder aufgegeben: Knie, Zeit, Heuschnupfen – die üblichen Ausreden. Reklame-Weichei halt.
»Ich würde ja gern mitkommen«, bölkte Roland über die ganze Straße, »aber mein Rücken macht nicht mit.« Ich schwieg anklagend. Der Trottel hatte meine Weltklasseleistung als Trainer nie angemessen gewürdigt. Was hätte ich auch sagen sollen? Dass ich zur »Laufgruppe« fahre? Geht gar nicht. Klingt wie »Männergruppe«, mit Handarbeiten und Heulen. »Speedrun-Event« hätte ich sagen sollen. Klingt kompetent, auch wenn es gelogen ist. Das macht bei Roland aber nichts, er ist nur Werber.
Im Auto erstmal den Motivationshammer aktivieren: Lied 13 vom Soundtrack aus »Fluch der Karibik«, volle Pulle. Danach »Lola's Theme« von den Shapeshifters. Mit etwas Glück würde ich noch »Whole lotta Rosie« von AC/DC schaffen, live. Meine

Paradenummer an der Luftgitarre. Was die Beine nicht können, muss Musik machen. Mich zu Höchstleistungen treiben. Furcht ergreift meinen funktionsfaserumschmeichelten Körper.

Wie soll man gucken, wenn man zum ersten Mal seine künftigen Sportsfreunde trifft, von denen man leider nicht weiß, ob man überhaupt Freund sein will? Vielleicht nur Venice-Beach-Elsen, die unablässig kichernd an ihren Klamotten zupfen. Oder Superexperten, die Analysen zur minimalinvasiven, lasergestützten Meniskuskorrektur absondern oder über den Unterschied zwischen »soft shell« und »light fleece« philosophieren.

Alle würden sich wortlos auf die Schuhe gucken. Schneeweiße Sohlen heißt: frisch vom Händler – Blender. Wer leberwurstgraue Pilzpantinen mit zwei Pfund Dreck trägt, ist ein Streber.

Ich brauchte so lange zum Anziehen wie Mona, also ewig. Sollte ich meine edelsten Klamotten anlegen? Besser nicht. Alle würden mich für einen Snob halten oder Wunder erwarten. Lieber den erotisch auf Taille geschnittenen Windstopper in Reserve halten.

Beim ersten Mal besser die pelzige Altklamotte, die nach ehrlicher Laufarbeit aussieht. Mindestens ein Profi-Accessoire musste aber sein, eines, das mich als Fortgeschrittenen auswies, zum Beispiel die einfache schwarze, gleichwohl unerklärlich kostspielige Silbersocke. Pulsuhr oder nicht? Ja, aber diskret unterm Ärmel.

Ich bin superpünktlich, höchstens drei Minuten drüber. Im Halbdunkel der Stadiontreppe steppen sieben, acht Gestalten von einem Fuß auf den anderen. Sie starren auf einen jugendlichen Kerl, der mit Zetteln hantiert: Jens Karraß, Lauftrainer, 1991 Deutscher Meister und 4. der Weltjahresbestenliste. Für 10 000 Meter brauchte er so lange wie ich für fünf Kilometer: 27 Minuten und 53 Sekunden.

»Du musst der Achim sein«, sagt er und reicht mir seine Sportlerpranke. »Dann sind wir komplett. Wir fangen übrigens immer sehr pünktlich an.« Geht ja gut los, Blödmann: Ich bin nicht »der« Achim, sondern Achim.

»Wir laufen uns ein«, befiehlt »Derjens«. Ich will meine Verspätung kompensieren und setze mich an die Spitze, Achim, die Lok. In Sekunden ist Derjens an meiner Seite. »Ganz ruhig, Achim«, sagt er mit jener milden Strenge, die das Pflegepersonal in der Geschlossenen auszeichnet. »Einlaufen bedeutet, die Muskeln und Knochen und Gelenke behutsam aufwärmen, den Alltag abschütteln«, singsangt er. Schon gut, Bhagwan.
Achim, die Lok, nimmt Dampf raus. »Austoben könnt ihr euch gleich noch«, sagt Derjens. Schweigetrab. Am Atem meine ich eine Lehrerin (scheintot), einen Versicherungsvertreter (hechelnd), einen Beamten (flach) und eine mittelalte Singlefrau (hektisch) herauszuhören. Die Luft ist bitter vor Angstschweiß.
Zurück im Stadion. Vier Frauen, vier Männer und ich, zwischen Anfang 30 und Ende 50. Sehen so normal aus, wie Läufer es vermögen. Wir kreisen die Hüften, hoppeln wie betagte Kängurus über den Rasen. Mir tut alles weh. »Und jetzt jeder 1000 Meter auf Zeit«, sagt der Schinder lächelnd. »Ich muss doch wissen, wo ihr steht.« Ich nähere mich ihm unauffällig. »Also, ääh, ich habe da so eine Sache im Knie und außerdem eine Verhärtung im Oberschenkel und mein Magen ist auch so ...« Der Meister guckt ernst. »Macht einfach so schnell, wie ihr könnt«, ruft er. Alle gucken mich interessiert an. Verdammt. Das war nicht die Antwort, die ich wollte.
Ein Kilometer kann verdammt lang werden, wenn man zu schnell anfängt und acht Kilogramm zu viel auf den Rippen hat. Die gute Nachricht: Ich bin nicht Letzter geworden. Die schlechte: Der Sieger war eine Minute schneller als ich. Wer 1000 Meter unter vier Minuten läuft, hat charakterliche Defizite, garantiert. Kann mir zum Glück nicht passieren.

# 8. LEICHTFÜSSIG WIE EIN FLUSSPFERD

*Achim rennt am liebsten alleine. Dann ist er immer der große Sieger. Leider bringt das für die Leistung nichts. Also rein in die Laufgruppe – und am liebsten gleich wieder raus. Denn Achilles ist empfindlich und will nicht gehänselt werden.*

Gestern war wieder Trainingsgruppe. Der Auftrag für die Woche lautete: dreimal laufen, über eine Stunde, am Wochenende gern länger. Sonst nichts. Keine Zeiten, keine Kilometer. Das war ein Charaktertest. Wer war faul, wer ein Streber? Ich habe es genau richtig gemacht: Mittwoch 63 Minuten, Samstag 67 und Sonntag praktisch eineinhalb Stunden, wenn man ausgiebiges Stretchen und eine Hockpause im Wald mitrechnet.

Lange her, dass ich derart konsequent gelaufen bin. Was mich trieb, war die nackte Angst vor Montag, wenn wieder Laufgruppe ist. Was geschieht, wenn diesmal der Körperfettanteil gemessen wird? Öffentlich, mit laut vorgelesenen Zahlen, die beklatscht werden. Bei mir werden die Messinstrumente versagen. Auf Flusspferde sind sie nicht eingestellt. Tödliches Schweigen. Keiner klatscht.

Mein Leben wird transparent werden. Der Ausbilder mit seinem Klemmbrett zählt jeden meiner Schritte. Er wird nicht nur meinen aktuellen Leistungsstand festhalten, sondern auch die Entwicklung, oder, viel schlimmer, keine Entwicklung. Wie soll ich

mich da noch selbst betrügen, wo ich doch so gern auf mich hereinfalle? Meine einzige Chance: Ich mache den Woody Allen und kultiviere das Letzter-Sein zum Inhalt meines Läuferlebens. Aber komisch wird das nicht.
Wir treffen uns im studentischen Sportzentrum, unweit vom Mommsenstadion. Mannschaftsbesprechung. In dem Flachbau riecht es wie im katholischen Jungeninternat zur Brunftzeit. 18:29 Uhr. Heute bin ich pünktlich. Trotzdem der Letzte. Es starren mich an: zwei Damen Mitte 40, eine magerer als die andere, himmelblaue Laufjacken im Doppelpack vom Discounter. Die beiden haben bestimmt richtig was drauf, würden es aber nie glauben, weil ihnen ihre Männer seit Jahren einhämmern, dass sie nichts können außer Shoppen. Ihre Kinder pubertieren unerträglich. Laufen als Emanzipationsversuch.
Neben ihnen ein älterer Herr, der aussieht, als habe er sich sein ganzes Leben an der Theke festgekettet. Zwölf Kilogramm zu viel. Spricht einen Dialekt, der nach Gaumenherpes klingt, aus irgendeinem Ostwald. Daneben ein superkorrekt Gescheitelter. Ende 30, Single. Fummelt am Blackberry herum. Läuft den Kilometer unter vier Minuten, wie er vergangene Woche unbedingt vorführen musste. Idiot. Daneben Mutter und Tochter. Thermoskanne vor sich, Schreibblock, beide Nasenbrilli. Tuscheln. Kichern. Die sind scharf auf mich, beide, jede Wette. Neben mir ein unrasierter Zausel, bestimmt älter als ich. Und dicker. Und langsamer. Heißt Kuddel. Der ideale Gegner. Besiegbar. Ab sofort mein Feindfavorit.
Ausbilder Karraß klopft auf sein Klemmbrett. »Bitte kurze Vorstellung und euer Ziel für dieses Jahr!«, befiehlt er, »Achim fängt an.« Ich? Wieso ich? »Ja, also«, hebe ich an, »meine Frau, äh, hat mich hier ...« – oh nein, ich Trottel. Sollte ich zugeben, dass die Gattin mich angemeldet hatte, wie einen schwererziehbaren Bengel beim Malkurs? »Äh, meine Frau hat mich hier im Stich gelassen, die wollte eigentlich mitmachen«, flunkere ich, »aber nun ist sie schwanger.« Anerkennendes Nicken. Mutter und Tochter

gucken enttäuscht. »Ja, also ich bin Achim, schon länger 40 und würde gern den Berlin-Marathon mitlaufen.« Noch anerkennenderes Nicken. »Dieses Jahr«, ergänzt Klemmbrett-Karraß. Die Runde lacht. Brüllkomisch, wirklich.
Dann sind die anderen dran: Die beiden Frauen sind frustrierte Ehefrau plus frustrierte Single-Freundin und tun so, als sei ihr geplanter Halbmarathon eine übermenschliche Herausforderung. Der Blackberry-Heinz ist bei einer Versicherung und will Marathon in Berlin laufen. Der Alte ist von seinem Arzt geschickt und will gar nichts, nur nach Hause. Mutter und Tochter wollen die zehn Kilometer auf dem Ku'damm im Sommer bestehen. Der Zausel neben mir ist so wie ich: Verzweifelt auf der Suche nach dem inneren Feuer. Hauptsache, er bleibt langsamer als ich.
Das Klemmbrett verteilt Trainingspläne. »Mindestens viermal die Woche«, droht meiner, besser fünf. Mindestens einmal über zwei Stunden. Einen Tag kurz und Tempo auf der Bahn, einen lang und Tempo auf der Straße. »Ob ihr was getan habt, das sehen wir hier jeden Montag«, bellt der Coach.
Ich und der Zausel, wir starren uns an: Hatten wir Geld und Zeit investiert, um wieder zurück in die Schule zu müssen? Wir versuchen ein Lächeln. Es gefriert, als das heutige Pensum bekanntgegeben wird. »So, und jetzt los, auf eine kleine Aufwärmrunde. Und dann fünf Kilometer richtig zügig.« Mir ist schlecht.

# 9.
# VOM ZAUSEL VORGEFÜHRT

*Problem Nummer eins: Achim Achilles wird nicht schneller. Problem Nummer zwei: Andere Teilnehmer der Laufgruppe machen durchaus Fortschritte. Daraus ergibt sich Problem Nummer drei: Achim wird immer wütender – und vergeudet so Energie. Ein Teufelskreis, der Arme.*

Ich mag Mannschaftssportarten. Da ist im Zweifel immer die Abwehr schuld. Oder der Sturm. Jedenfalls der Mannschaftsteil, dem ich nicht angehöre. Laufen auf Zeit ist dagegen eine ekelhaft durchsichtige Angelegenheit. Gestern beim Lauftraining war wieder die Hassübung dran: 5000 Meter gegen die Uhr, zehn Runden auf dem oberen Stadionring, wo notdürftig gestreut ist.
Immer im Blickfeld des Trainers. Zu kurz, um zu trödeln oder sich mit einer Ausrede (»Muss mal aufs Klo«) zu verdrücken. Aber zu lang, um nicht nach wenigen Minuten das Laufen im Allgemeinen und diesen Abend im Besonderen einfach nur zur Hölle zu wünschen. Neulich sagte eine Frau, es tue ihrer Hüfte nicht gut, immer nur linksherum zu laufen. Die Fliehkräfte, die auf diese notorische Schleicherin wirkten, hätte nicht mal ein Hamster gespürt. Aber die Ausrede war prima.
Die erste Runde geht ja noch. Meistens bin ich zu schnell. Das merke ich aber erst ab Runde drei. »Tempo halten«, brüllt Aus-

bilder Karraß dann. Daumen und Zeigefinger sowie Ring- und Kleinfinger beider Hände biegen sich äußerlich leicht, mentalmäßig aber stark Richtung Handinnenfläche. Die Runden vier bis neun sind flammendes Inferno. Die Lunge brennt, die Beine noch mehr, der Magen sondert gallige Substanzen ab, die an die frische Luft wollen. Meine Füße fühlen sich an, als steckten sie in sizilianischen Betonpuschen. Verdächtig wird es immer, wenn sich ein einzelner Schritt einschleicht, der knapp vorm Stolpern ist.

Die Durchgangszeiten sind so lala. Eigentlich wollte ich heute Bestzeit laufen, deutlich unter 23 Minuten. Vor zwei Runden hat mich diese erschreckend gesund aussehende Steuerberaterin überholt, die neu in der Gruppe ist. Mann, drei Kinder, Job, Porsche. Was diesen Frauen einfällt. Die Von-der-Leyenisierung der Gesellschaft nimmt besorgniserregende Ausmaße an.

Hinter mir kommt Kuddel, der Zausel, angekeucht, dessen verdammte Aufgabe es sein soll, langsamer zu sein als ich. Aber er hält sich nicht dran. Er schickt sich tatsächlich an, mich zu überholen. Ausgerechnet auf der letzten Runde, vor den Augen derer, die schon im Ziel sind, also den Guten. Zausel missachtet die Hierarchie, und die geht so: Achilles vor Zausel, immer, bei jeder Gelegenheit. Keine Ausnahme, schon gar nicht beim 5000-Meter-Training vor Zeugen.

Doch er hält sich nicht dran, Kuddel will Krieg. Ziehe ich an, zieht er mit. Ich ziehe noch mehr an, er auch. Ich keuche, er nicht. Noch 300 Meter. Zausel gleichauf. Er guckt rüber, ich gucke nicht zurück. Ich sehe ihn gar nicht. Gegner? Was ist das? Ich liege gut 3,5 Millimeter vorn. Er hält gegen.

Noch 100 Meter. Kampf der Klappstühle. Ich rudere mit den Armen in der Hoffnung, Zausel Angst zu machen. Keine Chance. Fotofinish. »Beide gleich«, meldet Klemmbrett-Karraß. Völliger Unsinn, ich war deutlich vorn. Zausel ist persönliche Bestzeit gelaufen, ich natürlich nicht. Irgendwas knapp unter 24 Minuten, ist ja auch völlig egal.

»Wir müssen an deinem Tempo arbeiten, Achim«, sagt Klemmbrett-Karraß am Ende des Trainings. Ach nee. Das weiß ich, seit ich auf der Welt bin.

Zu Hause erst mal an den Rechner. Was haben Läufer eigentlich ohne Computer gemacht? Karteikarten geführt? Leitz-Ordner mit Listen verwaltet? Etwas Exotisches wie ein Gedächtnis gehabt? Dieser Bestzeitfetischismus ist total krank. Aber es wird trotzdem Zeit, dass ich weiter vorne lande, auch mentalmäßig. 24 Minuten auf fünf Kilometer macht 48 Minuten auf zehn.

Ein Blick in die Ergebnisliste vom Zehn-Kilometer-Lauf auf dem Ku'damm vergangenes Jahr verrät: In meiner Altersklasse M40 brauchte der Sieger 33 Minuten. Der war bestimmt gedopt. Völlig aussichtslos, jemals dahin zu kommen. Oder ich warte 25 Jahre. Aber selbst bei M70 hatte der Sieger nur 45 Minuten.

Die beste Frau in der Kategorie W50 kommt mir entschieden näher: 42 Minuten. Da will ich bis zu meinem 50. Geburtstag hin. Dann wollen wir mal rechnen: Wenn ich so fleißig wie weitgehend folgenlos weitertrainiere, werde ich pro Jahr um optimistische 30 Sekunden besser. Abzüglich der normalen Verfallserscheinungen, bin ich 2014 etwa drei Minuten fixer als heute. Wären wir bei 45 Minuten. Jetzt muss ich nur noch acht Kilogramm abnehmen, sagt der Gewichtsrechner, und – schwupp! – bin ich unter 42 Minuten. Dann fehlt nur noch die Geschlechtsumwandlung.

# 10.
# IM VISIER DES KLEMMBRETTS

*Anscheinend hat es Achim Achilles zu weit getrieben. Der Anführer der Laufgruppe setzt seinen Problemläufer jedenfalls ordentlich unter Druck. Oder ist dies nur die derbe Art des Schleifers, seine Liebe zu zeigen?*

Gestern Morgen rief Klemmbrett-Karraß an, mein Trainer. Ob ich denn zum Laufen käme. Klar, sagte ich. Wir müssen reden, sagte er, über dich. Mich, stammelte ich, da gibt es doch nichts zu reden. Doch, sagte er, heute Abend mehr.
Ach du Elend, dachte ich. Er hat's gemerkt. Ich war nicht bei der Sache. Ich war nicht Deutschland, nicht die Eiche, nicht mal Berti Vogts, der Terrier, der sich zumindest die Lunge so lange aus dem Hals wetzt, bis er umfällt. Ich absolvierte das Lauftraining eher wie Zahnarzt.
Laufen und Psyche, das ist eine vertrackte Liaison. Man fängt an zu laufen, um sich zu entspannen, allein zu sein mit sich und seinen Gedanken und der Natur, solange diese nervösen Spechte nicht so rumhacken, es sei denn, sie übertönen das hinter jeder Kurve dröhnende Fachgespräch der Walker darüber, in welchem nahe gelegenen Café es die größten Tortenstücke gibt.
Man läuft also ein paar Monate durch die Gegend und erfreut sich des Umstands, dass man dieser elenden Wettbewerbsgesell-

schaft mit ihrem Druck und Stress für einen Moment entkommen ist.
Doch irgendwann wird es langweilig, ganz ohne Stress. Immer die gleiche Route, immer das gleiche Tempo. Möglichkeit eins: aufhören, so wie Roland. Möglichkeit zwei: weitermachen, aber widerwillig, und wenig später aufhören, so wie Mona. Möglichkeit drei: weitermachen und hospitalistisch werden. Möglichkeit vier: Challenge, Thrill, Action. Laufen gegen die Zeit.
Das ist die Falle, in die ich getappt bin. Sobald man anfängt, gegen die Uhren zu laufen, kann man nicht mehr gewinnen. Plötzlich dümpelt man inmitten eines Piranhaschwarms. Gegen eine Laufgruppe ist der intriganteste Büroklüngel ein Kindergeburtstag. Nirgends ist die soziale Ausgrenzung brutaler. »4:26 Minuten auf 1000 Meter?«, sagt der Sportsfreund lächelnd, »nicht schlecht.« Hinter dem nächsten Baum wiehert er sich scheckig.
Jeder Personalchef wäre glücklich, könnte er stoppuhrgestützt einen solchen Druck in seinem Laden erzeugen. Läufer brauchen keine Chefs. Sie quälen sich selbst. Der Läufer ist die Speerspitze der neoliberalen Gesellschaft: leistungsgeil, rücksichtslos gegen sich und den Rest der Welt, das Leben als Exceltabelle. Und wenn er nicht von allein spurt, ja, dann kommt der Trainer. So wie bei mir heute Abend.
Mir war ein wenig unwohl, als ich zum Mommsenstadion fuhr. Ich hatte Brahms' »Deutsches Requiem« eingelegt. Depri-Garantie. Ich ging nochmal alle möglichen Ausreden durch. Das Knie? Hatte ich erst vor zwei Wochen. Der K.u.k.-Virus von Karl? Auch noch nicht lange her. Nahende Erkältung? Erst letztes Mal. Wir schrubbten brav fünf Mal unsere 1000 Meter. Ich setzte beim Zieleinlauf ein besonders verzerrtes Gesicht auf, als sichtbaren Ausweis meines Engagements.
Nach dem Training bat mich Klemmbrett-Karraß in ein Kabuff unterm Stadion. »Alles klar, Achim?«, fragte er. »Ääh, ja«, sagte ich. Wann ist schon alles klar? Praktisch nie. »Ich will nicht lange rumquatschen«, sagte er. Gut, dachte ich. »Ich habe dich jetzt

sechs Wochen gesehen und glaube, dass du mehr kannst.« War das ein Kompliment oder ein Trick?

»Aha«, sagte ich. »Du hast nur ein Problem, Achim«, sagte er. Nur eines. Da war ich aber froh. Das passte noch locker in meine Problemsammlung. »Du brennst nicht, Achim«, sagte er. »Meine Beine brennen«, entgegnete ich launig. »Bleib mal ernst«, sagte Klemmbrett, »nimm das Training ernst, nimm die Gruppe ernst, nimm dich ernst.« Auweia, dachte ich, lieber nicht.

»Laufen soll doch Spaß machen«, entgegnete ich. »Ja«, sagte Klemmbrett, »aber es macht nur Spaß, wenn man sich Fortschritte erarbeitet. Stillstand macht keinen Spaß. Und da schlummert noch viel bei dir. Mehr wollte ich dir gar nicht sagen. Komm gut nach Hause.« Ende. »Ja, ääh, danke«, sagte ich und stapfte an die Luft.

Was war die Botschaft? Hatte Klemmbrett womöglich Recht, obwohl er aus dem Osten kommt? Hatte ich Ernst mit Verbissenheit verwechselt und Spaß mit Sarkasmus? Klaus Heinrich hatte mir mal von einem Managerseminar erzählt, wo die Herren sich gegenüber aufstellen mussten, um sich abwechselnd zu fragen: Was willst du wirklich? Immer wieder: Was willst du wirklich? Am Ende heulten alle und wollten nur Anerkennung.

Auf dem Weg nach Hause spielte ich das Managerspiel. Was willst du wirklich? Dass es nicht wehtut. Was willst du wirklich? Schneller werden. Was willst du wirklich? Noch schneller werden. Was willst du wirklich? Erfolg haben. Was willst du wirklich? Ja ja, schon gut, am Ende kommt immer »Anerkennung« raus.

Das heißt, keiner läuft für sich, sondern jeder für andere. Konnte man auch anders laufen, nur mit sich, für sich, gegen sich? Meister Klemmbrett hatte mir eine Zen-Aufgabe gegeben. Ich begann, mich darin zu versenken.

# 11.
# KUDDEL, DER HELD

*Oben sportsmännisch lächeln, aber unten wetzen, dass das Blut aus den Schuhen spritzt: Achim Achilles' Trainingspartner hat wider Erwarten die bessere Zeit vorzuweisen. Eine Katastrophe, vor allem, wenn der Schnellere eher dick und unförmig ist.*

Wir Läufer sind ja vorbildliche Sportskameraden. Wir freuen uns von Herzen, wenn der Rivale vom Lauftreff seine Bestzeit geknackt hat, vor allem dann, wenn er schneller, älter und deutlich schwerer ist als wir, zu allem Überfluss noch eine Frau, erst seit wenigen Monaten dabei und obendrein mit einem unmöglichen Stil unterwegs. Ja, wir gönnen jedem Mitläufer, der schneller ist, seinen Triumph. So weit die Theorie.
In der Praxis verhält es sich ganz anders: Der wurstförmige Kuddel zum Beispiel ist die zehn Kilometer neulich in 44 Minuten und 48 Sekunden gelaufen. Ausgerechnet Kuddel, der Zausel, der jedes zweite Training geschwänzt hat, vor allem die giftigen langen Tempoläufe, und einen Bauch wie ein Barolofass vor sich her trägt. Wie kann das sein? Da muss ein Messfehler vorliegen. Oder er ist eine Abkürzung gelaufen. Vielleicht war er gedopt. Ich will auch was von dem Zeug.
»Bist du schon mal unter 45 Minuten gelaufen?«, fragt mit lieblicher Heimtücke meine Mona, als ich ihr von Kuddel erzähle. »Äähmtja, im Training«, antworte ich, verschweige dabei aller-

dings, dass die Strecke vermutlich nicht ganz exakt 10 000 Meter lang war, auch wenn sie sich so anfühlte. »Und warum nicht bei einem Wettkampf?«, fragt die garstige Gattin mit sicherem Instinkt für den tiefdunklen Fleck in meiner Läuferbiografie. »Irgendwas kam immer dazwischen«, sage ich wahrheitsgemäß. Stimmt ja auch. Mal war es zu heiß, mal ich zu müde oder die Strecke zu steil, gerade nach hinten raus.

Oft fehlte auch nur eine klitzekleine Trainingswoche. Auf den letzten drei Kilometern, die mein Kopf stets zu sprinten befiehlt, gehorchen meine Beine übrigens nie. Dagegen kann man einfach nichts machen. Wahrscheinlich wieder mal die falschen Schuhe. Oder Socken. Oder beides. Außerdem habe ich eine Läufermigräne, die immer auf den letzten Kilometern auftaucht.

Vielleicht laufe ich auch nicht auf der Ideallinie, was ja schnell mal ein paar 100 Meter Überlänge bedeutet. Dazu kommt noch das unwürdige Gedränge an den Verpflegungsstationen, das irre viel Zeit kostet. Und diese Zuschauer stehen auch nur im Weg rum. Theoretisch jedenfalls bin ich immer schneller, als es die Uhr anzeigt. »Kuddel sieht gar nicht sportlicher aus als du«, sagt Mona. Danke, liebe Frau, dass du den glühenden Dolch in der offenen Wunde auch noch ein paarmal umdrehst.

Als Seine Lässigkeit Kuddel beim nächsten Lauftreff aufkreuzt, stehen alle bewundernd um ihn herum und lauschen seinem Heldenbericht. Während er an seinen hühnerhautbezogenen Quallenschenkeln herumdrückt, erzählt der elende Angeber, dass er locker noch schneller hätte laufen können. Klar, Kuddel, logisch. Diese Märchen würde ich auch auftischen, aber nur wenn ich sicher wäre, dass keiner gesehen hat, wie gleich hinter dem Zielstrich schwallweise dieser fiese Cocktail aus halb verdauten Powerbarbrocken und Guaranagel aus meinem saftiggrünen Gesicht gepladdert wäre.

Auch wenn es Überwindung kostet, einem derart charakterlosen Aufschneider die Hand zu geben, erweise ich dem Glücksläufer die unverdiente Ehre. »Spitzenmäßig, Kuddel«, sage ich, verwerfe im letzten Moment den Plan, ihm statt eines Schulterklopfens ein Schulterkneifen angedeihen zu lassen, und zwinge mich stattdessen zu einem Piranha-Lächeln.

Na warte. Bei nächster Gelegenheit werde ich dich zerquetschen wie eine leere Walker-Trinkflasche. Warum darf dieser Heini so schnell sein? Ich trainiere härter, länger, besser als er. Das ist einfach ungerecht. Ab sofort ist Kuddel mein Lieblingserzfeind: oben sportsmännisch lächeln, aber unten wetzen, dass das Blut aus den Schuhen spritzt.

Drei Wochen und etwa sieben Tempoläufe später nehme ich Abstand von meinem Plan. Vier Minuten 40 Sekunden auf den Kilometer, das ist auch eine schöne Zeit. Mein Körper hat sich eben entschieden, dass meine natürliche Schwelle damit erreicht ist. Mein Biorhythmus verträgt einfach keine höheren Geschwindigkeiten. Ist ja auch viel gesünder. Ich werde meine Strategie ändern und einfach warten. Eines Tages wird Kuddel einen Sehnenabriss erleiden oder Schlimmeres, weil er das Training in seiner widerlichen Leistungsgeilheit einfach übertrieben hat. Läufer wie Kuddel machen unseren ganzen schönen Sport kaputt.

# 12.
# QUICKSTEP IM DIXI-LAND

*Reizmagen, Nervosität, schnell verwertbare Energieriegel – fast jeder Läufer muss deswegen unmittelbar vor einem wichtigen Lauf nochmal aufs Klo. Doch die Plastikhütte hat ihre Tücken.*

Fred Edwards muss ein Läufer gewesen sein. Und wie jeder Sportskamerad war er mit einem Reizmagen gestraft. Eines Tages hatte er offenbar genug davon, sich in lichten Grünanlagen zu entleeren und dabei in die feuchtwarmen Spuren seiner Mitläufer zu treten. Also brachte er das Dixi-Klo aus den USA nach Deutschland.

Aber war das wirklich eine Erleichterung für Deutschlands Läufer? Eher ein Training für andere Muskelgruppen. Denn seither steht die Generation Dixi in langen Reihen vor den zwei, drei Häuschen. Und mancher, der herauskommt, stellt sich gleich hinten wieder an. Da trippeln sie dann, beugen sich vornüber, wenden die Augen flehentlich zum Himmel und versuchen vergeblich, an etwas völlig anderes zu denken.

Kurz vor dem Start sind Läufers Eingeweide ja besonders sensibel. Die Aufregung und das hoch dosierte Magnesium entwickeln zusammen mit dem Carbo-Power-Trinkfrühstück eine Art Gastro-TNT, das auf sofortige Zündung drängt.

Hinzu kommt der Dominoeffekt. Wer die Horden hüpfenden Elends von Ferne sieht, verspürt spontanen Druck und reiht sich

ein. Schadet ja nichts, nochmal ein paar Gramm abzuwerfen. Dann muss man auch unterwegs nicht. Also kollektiver Quickstep im Dixi-Land. Dabei war ich gerade erst.
Die Viertelstunde vergeht wie im Flug. Der Typ vor mir stöhnt, die Frau hinter mir betet, der Kerl links in der Nachbarschlange hat eine anhaltende Gänsehaut, der rechts nervöse Schnappatmung. Endlich vorn. Freier Blick auf drei braune Plastiktüren. Welche öffnet sich zuerst? Vor allem: Hinter welcher gibt es Überlebenschancen? Gerade bewegt sich die rechte Tür, da stürzt sich eine magere Frau in meine Arme. »Bitte«, heult sie, »bitte bitte, darf ich vor?« Sie guckt wie Bambi mit Steckschuss.
»Auf gar keinen Fall«, meutert mein Kopf. »Ja, aber selbstverständlich«, säuselt mein Mund. »Shit«, heult mein Bauch. Ich drehe mich lieber nicht um. Die Blicke derer, die hinter mir warten, brennen in meinem Nacken. Sie verachten mich für meine Schwäche, dass ich auf diesen billigen Trick hereingefallen bin. Hätte von Mona sein können.
Endlich ist es so weit. Das mittlere Mobilklo ist meines. Vielleicht ist es sauberer als die beiden äußeren, weil man sich in der Mitte beobachteter fühlt. Außerdem wird man von zwei Seiten abgehört. Wohin mit der Laufjacke? Dixis haben einen Haken zu wenig und ein Dach zu viel.
Wären die Dinger oben offen, wäre die Luft besser, der Regen würde mal hin und wieder was wegschwemmen, und man könnte die Jacke oben über den Rand werfen, eine der wenigen Regionen, in denen man die Ursprungsfarbe des Plastiks erkennt. Außerdem fühlte man sich in einem Cabrio-Dixi nicht so klaustrophobisch. Was wohl Ottfried Fischer in so einem Häuschen macht? Vielleicht kann man ihm Arm- und Beinlöcher reinschneiden, wenn er schon nicht mehr rauskommt.
Der erfahrene Dixi-User vermeidet ja penibel den Kontakt von Haut und Plastik. Er nutzt diesen unwirtlichen Ort eher wie eine französische Autobahntoilette. Deswegen finden sich auch die Sohlenabdrücke aller namhaften Sportschuhhersteller dort, wo

einst die Brille angebracht war. Manche waren nicht sehr treffsicher. Aber alle hatten einen extrem nervösen Magen.
Mir ist schlecht. Ich reduziere mich auf das Nötigste. Die letzten drei Blätter Papier kleben eh auf dem Boden. Ostzonen-Mandy mit ihren zwölf Zentimeter hohen Buffalosohlen hätte hier einen deutlichen Standortvorteil. Von links kommen merkwürdige Geräusche, zu denen ich mir beim besten Willen keine adäquate Tätigkeit ausdenken möchte. Es ist nicht leicht, mit der Jacke im Mund zu atmen.
Im letzten Moment fällt mir ein, den Riegel vorzulegen. Nicht auszudenken, wenn ein Neunmalkluger die Tür aufreißt, weil draußen »grün« ist. Tolle Vorstellung: Da thront man gerade mit den Füßen auf der Brille – und die ganze Meute guckt zu. Wie soll man sich jemals wieder über andere beklagen, wenn man selbst in flagranti erwischt wird?
Das Urinal ist seltsam geformt und etwas zu hoch. Eile ist gefragt. Nichts ist peinlicher, als wenn man vor die Tür tritt und einer sagt: »Na endlich, was haben Sie denn so lange gemacht?« Ich drehe mich um und will mir die Hände waschen. Komisch. Auf der anderen Seite ist noch ein Urinal. War das erste wohl das Handwaschbecken. Egal, Wasser ist eh alle. Höchste Zeit für Vorwärtsverteidigung. Ich öffne die Tür und raune meinem heranstürmenden Nachfolger zu: »Unmöglich, wie sich manche Sportsfreunde benehmen.«

# 13.
# IGITT, HERPES

*Achim ist gut drauf. Er trainiert wie wild, läuft viel und obendrein tatsächlich schneller als früher. Doch dann kündigt sich Unheil an: ein leichtes Brennen. Der Wunderläufer ahnt schon, was kommt. Die Olympia-Teilnahme kann er abschreiben.*

Bitte nicht schon wieder. Dieses Mal hat das zarte Brennen auf der Oberlippe bestimmt nichts zu bedeuten. Natürlich brennt es erst unmittelbar vor dem Einschlafen, nur ein Hauch, nicht stärker, als wenn man an eine Brennnessel denkt. Aber es ist nichts, ganz bestimmt nicht, es gibt keinen Grund, es soll, es darf nicht sein. Ich will einfach nicht, schon gar nicht, wenn es ausnahmsweise mal seit ein paar Tagen am Stück gut läuft. Der Letzte ist doch gerade erst abgeheilt.
Sicherheitshalber quält man sich aber doch nochmal hoch, stapft ins Bad, begutachtet die leicht gerötete Stelle, hofft, man habe sich vielleicht nur am staubigen Knäckebrot eine leichte Schnittverletzung zugezogen, weil es ohne Belag gefährlich trocken war, durchwühlt den Medizinschrank nach der kleinen weißen Tube, findet allen Mist, aber eben nicht diese kleine weiße Tube, weil Mona sie entweder weggeschmissen hat oder aber derjenige, der sie zuletzt hatte, mit aller Gewalt bis auf den letzten Tropfen ausgepresst hat. Panisch tupft man sich einen Klecks Zahnpasta auf die Oberlippe. Altes Hausmittel. Alles, was brennt und be-

scheuert aussieht, hat einen hohen gefühlten Heilungswert. Schaden kann es jedenfalls nichts.

Am nächsten Morgen dann die Gewissheit: Aus dem leichten Brennen ist über Nacht eine Beule geworden, mit drei, vier Kammern, prallgefüllt mit ekligem Schleim. Bloß nicht anfassen. Nicht mal dran denken. Verdammter Herpes. Schon wieder eine Woche als Aussätziger, dem alle Menschen nur auf seine Lippe starren, das entwürdigende Gespräch mit dem Apotheker, der immer noch kein Wundermittel im Angebot hat, Monas angewiderter Blick und die leichte Kopfdrehung, wenn ich mich bis auf einen Meter genähert habe, das konsequente Meiden jeden Spiegels.

Auch ohne Leprastation fühlt man sich mit Herpes wie ein Aussätziger. Neulich habe ich mit einem von Monas teuren Schminkstiften versucht, die Pestbeulen zu übermalen. Vergeblich. Wundsekret und Christian Dior gehen eine glibbrige Liaison ein, die noch peinlicher aussieht. Hoffentlich merkt Mona nichts.

Es ist zum Verzweifeln. Kaum legt man mal eine perfekte Trainingswoche hin, da übt der Hochleistungskörper Rache und setzt den terroristischen Virus in Marsch. Die Läuferseele und ihr widerspenstiger Körper quälen sich gegenseitig, bis einer nicht mehr kann. Warum können wir uns nicht vertragen? Warum werde immer nur ich mit Aussatz gestraft? Warum nicht mal Mona?

Die vergangenen beiden Wochen liefen perfekt. Seit Monaten war es nicht mehr so gut gerollt. Mona und die Kinder waren an der Ostsee, ich hatte Arbeit vorgeschützt, wollte aber eigentlich nur in Ruhe laufen und an meinem Sixpack feilen. Montags zwölf Kilometer Tempowechsellauf, genau so, wie es der unbarmherzige Trainingsplan vorsah: einen Kilometer knapp unter fünf Minuten, den nächsten knapp unter sechs; dienstags Muskelaufbau per Elektroschock, mittwochs drei Mal 4000 Meter in der Fabelzeit von unter 22 Minuten, donnerstags Durchrütteln auf der Powerplate, freitags eine Stunde einfach so, samstags durchschlafen,

Sonntag 19 Kilometer gemächlich – die perfekte Woche, praktisch olympiareif.

Und was ist der Dank? Kein Millimeter Bewegung auf der Waagenanzeige, dafür Signalbrennen auf der Oberlippe. Mein Herpes ist die perfekte Trainingskontrolle. Eigentlich, so sagt die Medizin, ist die Beule ein Überlastungssymptom. Bei mir funktioniert der Herpes leider anders: Er ist Indikator dafür, wenn es gut läuft. Auf Normalzustände reagiert mein Körper mit Abwehr. Wahrscheinlich kann ich deswegen nicht plangemäß trainieren. Ich will ja. Aber der Rest nicht.

Manchmal hat man wenigstens Glück. Dann bleibt es beim Herpeshauch, der nach drei Tagen fast schon wieder unsichtbar ist. Ich habe leider nie Glück. Auf die Sekretbeulen- folgt die Monsterschorfphase, die ganz besonders unappetitlich ist, wenn Schorfausläufer bis in die Nasenbehaarung hineinreichen.

Dennoch gilt die goldene Herpesregel: Niemals anfassen! Ist auch gar nicht nötig. Mal schafft es das Kind, mal der Schal, mal die Kaffeetasse, die Kruste abzureißen und eine mittelschwere Blutung hervorzurufen, die den Heilungsprozess um eine weitere Woche verlängert.

Und das Training? Fällt praktisch flach. Nur noch in Walker-Dosierung. Das Immunsystem schreit nach Schonung, also kriegt es Schonung. Nach zwei Tagen ohne Trainingsreiz fällt die Leistungsfähigkeit übrigens dramatisch ab. Am Ende habe ich die Wahl zwischen Nicht-Laufen mit oder Nicht-Laufen ohne Herpes. Immerhin: Diese eine Woche Ruhe war gut. Laufen bringt ja weniger Muskeln als vielmehr Demut.

# 14.
# DER BESTE TAG DES JAHRES

*Was für ein Glück: Alle Möchtegernläufer der Nation haben sich über Ostern mal wieder total überschätzt und sind verletzt. So auch Achims Nachbar Roland, der sich unter der Dusche das Knie ruinierte. Jetzt hat der Wunderläufer wieder freie Bahn.*

Heute Morgen kam unser Nachbar Roland die Treppe hinab, begleitet von einem ergreifenden Stöhnen. Er ging nicht, sondern hangelte sich am Geländer entlang. »Soll ich dir was zum Abseilen bringen?«, fragte ich in meiner einfühlsamen Art. Roland schnaubte verächtlich. Ich wusste schon, was los war. Der Herr Nachbar hatte das Laufen aufgegeben und war zurück in sein Fitnessstudio geflüchtet.
Aber dort war er auch gescheitert. Offenbar war selbst Bauch-Beine-Po zu viel für ihn. So war es schon letztes Jahr. Da musste er auf dem Hinterteil alle 112 Treppenstufen aus seiner Dachgeschoss-Angeber-Single-Bude hinabrutschen.
»Was ist denn diesmal passiert?« Als guter Nachbar weiß ich, dass Mitbewohner es schätzen, wenn man Interesse an ihren aktuellen Gebrechen zeigt. »Knie«, japste Roland, »war gestern im Studio.« Volltrottel, dachte ich und fragte »Step Aerobic?« in maximaler Diskreditierungsabsicht.
»Blödmann. Ich war 40 Minuten auf dem Laufband«, prahlte Roland. »Schöne Sache zum Aufwärmen«, antwortete ich, »aber, wie

ist das mit dem Knie passiert?« Roland klammerte sich ans Geländer und ließ sich langsam auf dem Treppenabsatz nieder – nachdem ich ihm unsere fast neue Fußmatte untergeschoben hatte. Er ächzte: »Ganz blöde Sache – habe mich in der Dusche auf die Schnauze gelegt.«
Ich musste grinsen: Wahrscheinlich waren seine sündteuren italienischen Designer-Badelatschen so glatt, dass er sich nicht mal nach der Seife bücken musste, damit es wehtat. Das kommt davon, wenn man Slippiletten statt Adiletten in der Brause trägt. Von den vielen dämlichen Sportunfällen, welche die große weite Welt für uns bereithält, sind Stürze in der Dusche die schmerzhaftesten und überflüssigsten.
»Kaffee?«, fragte ich. In der Zeit, die Roland bis zum nächsten Treppenabsatz brauchte, wäre locker eine Kanne durchgelaufen. Roland drückte sich hoch. »Ich muss weiter. Termin beim Arzt«, sagte er stöhnend. »Heute noch?«, fragte ich. Roland zeigte mir seinen Indexfinger.
Der Dienstag nach Ostern ist der Tag des Sportmediziners. Nie sind die Praxen voller. Verdrehte Knie, gedehnte Bänder und akute Hüftsteife werden begleitet von mörderischem Muskelkater, brutalen Erschöpfungszuständen und einem geheimnisvollen Pochen im Meniskus.
Deutschland hat mal wieder Sport getrieben, überwiegend zum ersten Mal in diesem Jahr. Am traditionell todlangweiligen Ostermontag drängt es den bindegeweblich erschlafften Patriarchen zur kleinen Flucht vor der Familie, die aber nur gelingt, wenn er etwas ganz und gar Unangreifbares ankündigt. »Ich geh laufen«, zum Beispiel. Die Kinder blicken von der PS3 auf und grienen, die Gattin guckt besorgt. Der Chef jedoch ist entschlossen und kramt die Sportsachen aus den unergründlichen Tiefen des Schranks.
Heute muss es sein. Am Ostermontag werden all jene Vorhaben umgesetzt, die man an Silvester, am Geburtstag und dem letzten zerkaterten Morgen gefasst hat, und vergangenes Jahr auch schon.

Und plötzlich drängeln sich auf ansonsten ruhigen Laufwegen Heerscharen zellulitischer Wohlstandsbürger, deren schneeweiße Freizeitschuhe zusammen mit der kirschroten Birne an die japanische Flagge erinnern.

Die gute Nachricht: Sie verstopfen die Laufwege nur einmal im Jahr, denn schon am nächsten Tag kommen sie in die geschlossene sportmedizinische Therapie und epilieren sich mit Medi-Tape bis zum nächsten Osterfest.

Die schlechte Nachricht: Bis endlich die Muskelfaser reißt, muss der Wald sie 30 Minuten ertragen, wie sie mit beiden Händen Bäume abstützen. Oder soll das Stretching sein, was da in viel zu engen Hosen und peinlich bollerigen »University«-Sweatshirts dutzendfach am Wegesrand aufgeführt wird?

Wenn unsere Sportnovizen nach einer Dosis frischer Luft und verschärftem Baumhalten nun entspannt wieder zum Parkplatz trotten würden, wäre alles gut. Aber nein, sie müssen ja unbedingt noch laufen, also eher traben, in Wirklichkeit spazieren gehen mit verschärftem Schnaufen und langen Stehpausen.

Ganz am Ende aber müssen sie natürlich doch noch zeigen, was sie drauf haben. Also treten sie blitzartig an zum Sprint. Dies ist der geldwerte Moment, die Freude der verarmten Sportmedizin. Denn ruckartige Bewegungen sind ihre Körper nicht gewohnt. Also knackt und knirscht und kracht es von oben bis unten. Und irgendwas geht immer kaputt, spätestens beim Duschen. So wie bei Roland.

Wahre Läufer verbringen den Ostermontag auf dem Sofa. Oder im Café mit der Familie, bei einem Doppelzentner Frankfurter Kranz. Sie schonen sich für den besten Trainingstag des Jahres: Osterdienstag. Denn dann sind die ganzen Eintagssportler beim Arzt. Und die Wege wieder frei.

# 15.
# SCHAMANENKAFFEE

*Achim Achilles will raus. In die Natur. Rennen, trainieren. Aber das Einzige, was bei unserem Wunderathleten läuft, ist die Klospülung. Ständig muss er aufs gar nicht stille Örtchen. Ein Kleinkind ist schuld. Ein missratenes, findet Achim.*

Eigentlich sollte man Kinder nicht schlagen, kleine schon gar nicht. Außer Bruno. Bruno ist ein gutes Jahr alt, aber schon voll ausgebildeter Attentäter. Sein letzter Anschlag traf einen Läufer, der im entbehrungsreichen Training darbt – mich. Bruno wohnt im Stadtteil Mitte, dort, wo seit Jahren kein Berliner mehr lebt. Die Ureinwohner können sich die luxusrenovierten Altbauten nicht leisten. Und die, die es könnten, die wollen nicht.
Mitte ist da, wo früher die Mauer stand. Jetzt ist der Streifen zwischen Ost- und Westberlinern noch breiter, dank all der Bielefelder, Essener, Mannheimer und Niederrheiner, die sich eingenistet haben und Metropole spielen. Sie arbeiten in Agenturen, die Kampagnen machen, damit die Leute nicht mehr politik- und konsumverdrossen sind. Eines Tages werden sie feststellen, dass die Leute vor allem kampagnenverdrossen sind.
Der Briefträger von Mitte kündigt, wenn der neue Manufactum-Katalog kommt. Hier kriegt jeder einen. Vor drei Jahren musste ein Postbote von der Feuerwehr aus einem Stapel Manufactum-Kataloge geschweißt werden. Die Klappskallis aus Mitte würden

bei Manufactum sogar Walking-Stöcke aus Plantagenteak kaufen.
Bruno ist das passende Kind zur Generation Manufactum, überholt und unterzuckert, eingemauert in Acerola, Schurwolle und brutalstmöglichem Verständnis. Jede Minute bekommt Bruno eine total fantasievolle Geschichte erzählt, warum irgendwas gut ist fürs Bauchilein, fürs Seelilein, für Tante Yin und Onkel Yang. Nur das Wort »Nein« hat der Bengel noch nie gehört.
Mona wollte vor ihrer Entbindung unbedingt nochmal ihre Freundin Dörte sehen. Dörte ist mit Dschochar verheiratet, einem ebenso mandeläugigen wie einfühlsamen Inguschen. Früher bestellten sich die Männer exotische Damen aus dem Katalog. Heute halten sich die Frauen was Buntes.
»Ein Dealer?«, fragt ich erwartungsfroh, als wir vor der Tür stehen. Vielleicht kann Dschochar mit seinen Osteuropa-Connections Epo besorgen. »Öko-Bäcker«, entgegnet die Gattin mit Giftblick, der sofortiges völkerverständigendes Mildgrinsen befiehlt.
Auf dem Tisch steht das von kasachischen Hirtentöpfern gewirkte Geschirr aus Ökolehm um zwei graubraune Klumpen herum, die bis zur Garderobe stauben. Dazwischen liegen verschrumpelte Kastanien. Wenn die Klumpen der Kuchen waren, dann würde aus den Kastanien bestimmt nach alter Schamanentechnik Kaffeepulver gemahlen.
Oder wir essen die Kastanien, weil die Staubklumpen Befreiungstee sind, ohne Beutel. Trübe Aussichten, wenn man am Vormittag 20 zügige Kilometer absolviert hat und seine Frau nur deswegen zum Kaffeeklatsch begleitet, weil man auf feiste Schwarzwälder Kirsch hofft. Sacher, Eierpunsch, Frankfurter Kranz – wo sind all die Torten hin? Bei den Maikäfern?
Während die Damen kiekserbegleitete Höflichkeiten über ihre groben Wollpullover austauschen, brüllt der milde Dschochar: »Bruno!« Der Rotzlöffel hängt mit beiden Händen in der Leinendecke aus der letzten Familienweberei im Thüringer Wald, die Lehmtassen schwanken bedrohlich. Dschochar nimmt das Kind

auf den Arm und lacht. Bruno versteht: Tischdeckereißen finden die Erwachsenen lustig. Stracks robbt er zurück zum Tisch.
»Bruno war krank«, erklärt Dörte. »Ein gemeines Virus. Alles kam raus. Überall.« Mehr Details, bitte. »Jetzt ist er nicht mehr toxisch«, beruhigt Dörte: »Wir haben ihm ein ganz tolles homöopathisches Mittel gegeben.« Bruno rülpst. Mona streichelt ihren Acht-Monats-Bauch.
Die Staubklumpen erweisen sich als Kuchen. Bruno will mich mit Staubkuchen füttern und steckt mir seine Finger in den Mund. »Wie süß«, sagen die anderen. Ich muss husten. Zum Glück bleiben wir nicht lange, weil Dörte zum Pilates-Training will. Ich habe nächsten Morgen meinen langen Lauf, da will ich ohnehin früh ins Bett.
Die Nachtruhe dauert exakt bis 2:14 Uhr.
Nur dank meiner Grundschnelligkeit schaffe ich es ins Bad. Brunos Virus hat mich voll erwischt. Keine sieben Stunden mehr bis zum Lauftraining. Noch auf dem Weg zurück ins Bett drehe ich um. Faszinierend, welche Flüssigkeitsmengen ein menschlicher Körper speichert. Überall.
Um 8:45 Uhr schleppe ich mich die Treppe hinab. Beine wie Quark. Schüttelfrost. Nur ein Gedanke: »Backpfeifen für Bruno!« Klemmbrett-Karraß fängt mich auf, als ich aus dem Auto kippe. »Bist du dir sicher, dass du heute drei Stunden laufen willst, Achim?«, fragt er. Ich nicke. Lieber tot als Trainingschwänzen.
Der erste Kilometer führt durch Kleingärten, immer an Zäunen entlang, die buschfreieste Zone der ganzen Stadt. Hechtsprung hinter den ersten Baum. Brunos Virus hat mich im Würgegriff. Ich krieche zurück zum Auto. Mein wertvoller Laufsonntag, ruiniert von einem missratenen Kleinkind.

# 16.
# DAS ABC DER LÄUFER-ÄNGSTE, TEIL I

*Laufen hat nichts mit Lachen zu tun. Sagen die Geliophobiker. Dafür viel zu viel mit Rotz und Schleim. Jammern die Blennophoben. Keine Gruppe ist von mehr Zwangsneurosen geplagt als die Läufer. Achim kennt sie alle.*

Machen wir uns nichts vor. Das ewige Laufen-macht-gute-Laune-Gefasel ist eine Lüge. Die paar Glückshormone, die dem Läufer gelegentlich durchs Blut rauschen, werden von Unmengen zeitgleich ausgeschütteter Paniktransmitter gekillt: Angst essen Endorphine auf.

Angst beim Aufstehen, ob der linke Fuß immer noch so wehtut beim ersten Auftreten des Tages und allen weiteren Schritten auch. Angst beim Besteigen der Waage, ob sie wieder nicht das Wunschgewicht zeigt. Angst beim Frühstück, dass der Nachbrenneffekt nicht mehr wirkt und sich die paar Krümel wieder tonnenschwer auf der Hüfte ablegen. Angst beim Treppensteigen, dass das Knacken im Knie durchs ganze Haus zu hören und bestimmt was Ernstes ist.

Und dann natürlich die Angst davor, beim Halbmarathon Anfang April wieder an den eigenen, ohnehin schon niedrigen Erwartungen zu scheitern. Die gute alte Phobie ist es, welche die Läufergemeinde zusammenhält, die sie antreibt, die ihr Leben diktiert und jeden ihrer Gedanken. Höchste Zeit für ein kleines ABC der Läuferängste.

**Asthenophobie**
Angst vor Schwäche, insbesondere auf den letzten 39 Kilometern eines Marathons oder bei einsamen Läufen durch den Wald kurz vor Einsetzen der Dunkelheit. Was ist, wenn ich kollabiere und meine Frau gar nicht merkt, dass ich immer noch nicht zu Hause bin? Asthenophobiker sind hin- und hergerissen zwischen hartem Training, das Wettkampfschwäche vorbeugt, und gar keinem Training, weil es ja schwächen könnte.

**Blennophobie**
Angst vor Schleim. Ganz schlecht beim Laufen. Denn außer Muskelkater erzeugt längeres Laufen gerade in den drei kühlen Jahreszeiten vor allem eines: Schleim. Und der will raus. Blennophobiker tragen große Mengen Papiertaschentücher bei sich und eine Wasserflasche, die nicht den Durst stillt, sondern das permanente Reinigungsbedürfnis befriedigt. Bei Wettbewerben starten sie ganz weit vorn und laufen immer an der Spitze vor lauter Angst, in die Rotzwolken des Feldes zu geraten.

**Cainophobie**
Angst vor Neuerungen. Hat man einmal den Schuh seines Vertrauens gefunden, will man ihn nie wieder hergeben, und sei er noch so abgelatscht. Gilt auch für Hosen, Hemden, Socken und Trinkflaschen. Cainophobiker sind zu erkennen an grauen Baumwollbeutelhosen, Ballonseidenjacken in Mint und immer gleichem Tempo. Ärgste Umsatzbremse der Sportartikel- und Trainingsplanindustrie.

**Dendrophobie**
Angst vor Bäumen. Besonders unpraktisch bei Waldwettläufen wie dem Herrmann. Dendrophobiker sind häufig in Fußgängerzonen oder auf Rundkursen in Plattenbauvierteln zu finden. Gar nicht schön bei plötzlichem Blasendruck. Vorteil: Man trifft wenig Hunde.

**Ecophobie**
Angst vor dem Zuhause. Der Ecophobiker ist häufig mit einem lauffeindlichen Partner liiert, der das Leben im gemeinsamen

Heim durch ständiges Mäkeln und Mosern unerträglich macht. Bleibt nur die Flucht auf ganz besonders lange Trainingsläufe oder zu Langstreckenwettbewerben wie den 100 Kilometern von Biel oder dem Mayors Midnight Sun Marathon in Anchorage/ Alaska. Da erspart allein die Anreise dem Läufer schon mal eine knappe Woche daheim.

**Frigophobie**
Angst vor Kälte. Vor allem bei Frauen mit unterdurchschnittlichem Körperfettanteil verbreitet. Die notorisch gänsehäutigen Frigophobiker laufen auch im Hochsommer in Fleecejacke und Pudelmütze, von September bis April eher gar nicht, und sind schon von weitem zu hören wegen ihres fortwährenden Zähneklapperns.

**Geliophobie**
Angst vor dem Lachen. Vor allem bei Teilnehmern von Profilauftreffs verbreitet. Motto: Laufen hat nichts mit Lachen zu tun, sondern mit der leidensschweren Jagd nach Bestzeiten. Wer lacht, verschwendet Luft, der quält sich nicht genug. Geliophobiker sind überproportional häufig vertreten bei Herren in der Midlife-Crisis, die mangelndem Lebenssinn mit verschärftem Galopp entkommen wollen.

**Hamartophobie**
Angst zu sündigen. Vor allem in der Marathonvorbereitung verbreitet. Hamartophobiker sind Sklaven ihrer Waage, die sie mindestens dreimal am Tag besteigen. Gerade Leistungsläufer gehen mit sich schärfer ins Gewicht als manch Essgestörte. Weil jedes zusätzliche Gramm die angepeilte Bestzeit gefährdet, terrorisiert der Hamartophobiker sich und leider auch seine Mitmenschen mit militärischen Nahrungsgewohnheiten und den neuesten Mythen aus der Diätforschung. Schon Knäckebrot ohne alles gilt als Verbrechen. Nur mit konsequenter Weißbiertherapie zu heilen.

# 17.
# DAS ABC DER LÄUFER-ÄNGSTE, TEIL II

*Diese armen Läufer. Sie leiden, immer und überall. Gott sei Dank hat sich Achim darangemacht, das Übel zu bekämpfen. Leider hat auch er kein Patentrezept. Immerhin kann er eine frohe Botschaft verkünden: Läufer, ihr seid nicht allein!*

In der Menschheitsgeschichte war Angst stets eine lebensverlängernde Gefühlsregung, die häufig einen Sprint nach sich zog. Ob Säbelzahntiger, Konquistadoren oder Neandertalerin – oft empfahl es sich, einfach wegzurennen, statt eine einfühlsame Wertedebatte zu versuchen. Angst und Wetzen, meist gleichzeitig, das ist im Genpool des Menschen angelegt. Panik ist der beste Trainer, da kommt kein Motivationscoach mit.

Mit den Jahren kommen immer neue Phobien dazu, ohne dass die alten verschwänden. So besitzen Läufer ein prächtiges Knäuel realer und surrealer Ängste, die über die Jahre zu guten alten Bekannten werden. Für jede Trainingseinheit und die Zeit dazwischen gilt das Motto: »Nicht ohne meine Angst.« Denn noch lieber als ein Fachgespräch über flottierende Knorpelsplitter im Knie ist dem Läufer der innere Monolog zur aktuellen Panikattacke.

Es wäre ein Fehler, die Angst zu verteufeln. Schließlich sind ihre körperlichen Symptome hilfreich: Aufmerksamkeit und Muskelanspannung werden erhöht, Reaktion und Atmung schneller, die

Muskeln stellen Energie bereit, der Schweiß strömt auch ohne die geringste Anstrengung. Und praktischerweise werden Blasen-, Darm- und Magentätigkeit ausnahmsweise mal gehemmt. Die Panik verhindert also den lästigen Spurt ins Unterholz.

Nicht immer allerdings peitscht die Angst zur Höchstleistung, bisweilen bewirkt sie auch eine Blockade. Prima. Nichts geht über eine kapitale Blockadeangst. Damit unsere Sportsfreunde sich künftig noch kompetenter fürchten können, hier eine weitere Auswahl gängiger Läuferängste.

**Kakorrhaphiaphobie**
Angst, besiegt zu werden. Tja, leider eine sehr berechtigte Angst. Statistisch gesehen ist noch jeder Läufer eines Tages besiegt worden. Die Frage ist immer nur, von wem. Von einem Fremden lässt man sich ja ohne große Seelenqual abhängen. Aber von einem Bekannten, gar einem, der jahrelang langsamer war? Niemals. Der Kakorrhaphiaphobiker ist mithin einer der verbissensten Trainierer überhaupt.

**Lachanophobie**
Angst vor Gemüse. Der Bestsellerautor Heinz Strunk formuliert präzise die Haltung, die vor allem männliche Athleten pflegen: »Fleisch ist mein Gemüse.« Keniabohnen, Salatblätter oder mit Möhrensaft glasierter Fenchel lösen spontane Panik aus, oft begleitet von Würgereiz. Mögen die Ernährungsgurus auch den Wert des Ballaststoffes preisen, so gilt für den virilen Läufer: Keine Experimente. Currywurst und Cremeschnitte sind immer noch der beste Raketentreibstoff.

**Medorthophobie**
Angst vor Erektion. Völlig zu Recht, denn Läufer sind als Liebhaber legendär. Es gilt der alte Sportlerspruch: Selbst der Zahn der Bisamratte ist weicher als die Läuferlatte. Früher ließ sich die verräterische Ausbeulung noch durch geräumige Turnhosen

kaschieren. Seit allerdings Hochleistungsfasern jeden Millimeter des Läuferkörpers zwar verhüllen, aber dennoch grausam exakt abbilden, sind spontane Regungen, insbesondere im Lendenbereich, von allen Mitläufern, vor allem von entgegenkommenden, sehr genau zu erkennen. Was hilft? Neunzig Minuten einsamer Waldlauf haben noch jeden Testosteronschub gebremst.

**Numerophobie**
Angst vor Zahlen. Laufen, das bedeutet Zeiten, Strecken und die Kombination von beidem. Zahlen sind die erbarmungslosen, unbestechlichen Zeugnisse des Läufers und entwickeln ungeahntes Horrorpotenzial. Wer seit Jahren verzweifelt versucht, über zehn Kilometer die magischen 50 Minuten zu unterbieten, der sieht überall nur noch die 49, ob auf Lottoschein, bei Telefonnummern oder in der amerikanischen Football-League, und reagiert mit spontanem Zittern. Ähnliches Angstpotenzial birgt die 44. Marathonis; die gegen die vier Stunden kämpfen, würden im Supermarkt niemals einen Artikel anfassen, der 3,59 Euro kostet.

**Obesophobie**
Angst vor Gewichtszunahme. Jedes Kilogramm bremst, weshalb der Leistungsläufer schon den Anblick von Hochkaloriegem scheut. Beim Passieren von Bäckereien wendet er sich stets vom Schaufenster ab, die Schorle verdünnt er auf homöopathischen Apfelanteil. Schlägt die Waage tatsächlich mal wieder nach rechts aus, bestraft er sich umgehend mit Langlauf. Gipfel des Genusses: alkoholfreies Bier, aber nur eines am ganzen Abend. Starke Parallelen zum Model-Business.

**Phronemophobie**
Angst vor Gedanken. Gerade bei Langstrecken-Freaks verbreitet. Denn wer lange alleine läuft, hat sehr bald jeden halbwegs normalen Gedanken gedacht. Nach den normalen kommen die absurden Gedanken. Und danach? Die panischen Gedanken. Vor

allem, wenn man zwei Stunden von jeder menschlichen Siedlung entfernt ist. Was bedeutet das Knacken im Busch? Wildschwein, Sittenstrolch oder Walker, die sich im Wald niedergelassen haben, weil ihnen der Weg zurück zu weit war? Dann lieber fremde Gedanken. Daher tragen Phronemophobiker häufig Kopfhörer und lauschen Hörbüchern.

**Rupophobie**
Angst vor Schmutz. Meist Frauen, die tagelang den Wetterbericht konsultieren, bevor sie sich nach draußen wagen. Rupophobikerinnen sind zu erkennen an ihren Bushido-weißen Laufhosen, die auch nach 32 Minuten Tänzellauf noch blütenweiß sind. Mit spitzen Zehen hüpfen sie um jedes Stäubchen, wischen unablässig den nicht entstandenen Schweiß von der Stirn und atmen flach aus Angst vor Dreckpartikeln in der Luft, welche die Popelproduktion anheizen könnten. Für ernsthaftes Laufen nicht zu gebrauchen.

**Rhypophobie**
Angst vor dem Stuhlgang. Wem je daheim verschweißte Blattreströllchen aus der Laufhose bröselten, der weiß, was gemeint ist.

# 18.
# DAS ABC DER
# LÄUFER-ÄNGSTE, TEIL III

*Er kämpft gegen Walker und andere Plagen, jetzt wird Achim Achilles selbst zur Zielscheibe: Der eigene Spross pestet gegen ihn und fügt eine weitere Phobie hinzu.*

Pubertierende sind die Pest. Sie sind schlechtlaunig, überschütten sich literweise mit billigem Parfüm, um der Dusche zu entgehen, und veranstalten keine Kindergeburtstage mehr, sondern DVD-Abende. Diesmal bei uns.
Die Stoßdämpfer unseres Youngtimers ächzten unter der Last der Paletten Chips und Eistee, die der Herr Sohn zum 14. Geburtstag bestellt hatte. Mir stand der Sinn nicht nach muffeligem Jungvolk, also raffte ich mich zu einem außerplanmäßigen Trainingsläufchen auf.
Sohn Karl zog mich zur Seite. »Ääh, Papa«, druckste er. Kinder in diesem Alter drucksen ja nur. »Ja, mein Sohn …«, sagte ich in freundschaftlich warmem Ton: »Was gibt's?« Karl errötete leicht. Er war aufgeregt, denn in einer halben Stunde würden seine Gäste einfallen. Was wollte er? Hatte er eine Freundin, die bei uns erstmals übernachten sollte? Wollte er an meine Spirituosenvorräte?
»Ääh, Papa«, hob Karl noch einmal an, »könntest du dich bitte einfach unsichtbar machen, wenn du zurückkommst, bitte.« Bitte? Er sagte sonst nie »Bitte«. Es schien ihm ernst zu sein.

»Also, Papa, du in deinen Laufklamotten, ich meine, ich finde es total super, dass du so viel läufst, aber ...«, stammelte mein Sohn, »... aber es sieht komisch aus.«

Frechheit. »Das ist alles Megamarkenware«, erklärte ich in lupenreiner Jugendsprache, »phatte Sportswear, high-end-mäßig. Mal ehrlich: Ich sehe doch fast so aus wie die Waschbrettbauchheinis in euren Filmen.«

Karl schüttelte stumm den Kopf. Er holte tief Luft. »Papa, du siehst einfach nur scheiße aus in deiner Wurstpelle. So was trägt doch keiner freiwillig. Und es wäre echt toll, wenn dich meine Leute nicht in deinen Laufklamotten sehen.«

Ich war erschüttert. Da klebten Hunderte von Euro an meinem Stahlleib, von der Sohle bis zum Stirnband fast durchweg auf dem neuesten Stand – und dieser Rotzlöffel erklärte mich zur Peinlichkeit. Klar, dass Mona den Jungen aufgehetzt hatte. Ich schwieg beleidigt und verließ die Wohnung.

Ohne es zu ahnen, hatte Karl meinen zahlreichen Läuferängsten eine weitere hinzugefügt: die Vestiphobie, Angst vor Kleidung. Ich würde nie mehr nach draußen gehen können ohne die Furcht, dass sich der nächstbeste Teenager beömmelte über diesen Joggingschrat.

Also litt ich auch noch an Scopophobie, der Angst, angestarrt zu werden. Diese ging mit einer ausgeprägten Soziophobie einher, der Angst vor anderen Menschen. Läufer-Ängste gibt es reichlich.

**Tachophobie**
Angst vor Geschwindigkeit. Ein echtes Problem. Wer lange Jahre läuft, immer im gleichen Schlurfschritt, der hat Körper und Seele auf eben genau dieses Tempo eingestellt. Jeder Millimeter schneller löst spontanes Hecheln, Seitenstechen und mörderische Hungeräste aus. Tachophobiker sind weder mit Gewalt noch mit guten Argumenten zu Tempoläufen zu bewegen. Eigentlich auch ganz vernünftig.

**Urophobie**
Angst zu urinieren. Läufer sind entweder über- oder unterwässert. Manche schütten sich vor dem kleinsten Training drei Liter Salzwasser in den Bauch, andere betrügen die Waage durch ausdauernde Flüssigkeitsverweigerung. Angst vorm entspannten Kurzaufenthalt am nächsten Baum haben aber alle. Denn fast alle Läufer sind überzeugt, dass mit jedem Tropfen Urin auch Aminosäuren, Mineralstoffe, Schmerzmittel und all die anderen guten Dinge den Körper verlassen. Urophobie ist also nichts anderes als die Furcht, seine mühsam antrainierte Form tröpfchenweise zu verlieren.

**Verminophobie**
Angst vor Bakterien. Neulich in der Männerdusche war ein Sportsfreund, in dessen zentnerschweren Sporttasche das Waffenarsenal des Hobby-Dschihadisten untergebracht war: Sagrotan-Duschgel, Salzsäure-Spray zur Desinfektion der Badelatschen, das Handtuch in der Tüchertasche, der Bonsai-Kärcher für die Zehenzwischenräume, die Laufschuhe auf einer eigens mitgebrachten Matte drapiert. Da Bakterien über beträchtlichen sportlichen Ehrgeiz verfügen, werden sie alles daransetzen, irgendein Körperteil dieses Verminophobikers zu unterwandern. Dann hilft nur noch Baden in Salzsäure.

**Wiccaphobie**
Angst vor Hexen. Läufer sind abergläubisch. Die Schuhe von damals, in denen die Bestzeit gelang, das Aufstehen um 6 Uhr 32, weil da der Mond günstig steht, die Socken zwei Nummern zu eng wegen der Kompression – kein Unsinn, den der fortgeschrittene Sportsfreund nicht mitmachen würde, zumal in Zeiten des Formtiefs. Zum Aberglauben gehört natürlich auch die Furcht vor der Läuferhexe, die beim Marathon etwa bei Kilometer 32 lauert und schon so manchen Betonschenkel gezaubert hat.

**Xerophobie**
Angst vor Trockenheit (vgl: Urophobie). Jeder Läufer kennt die Studien, die belegen, dass nur wenige Milliliter Wassermangel im

Körper zu verheerenden Leistungseinbrüchen führen. Xerophobiker sind an Trinkgürteln oder umkrallten Wasserflaschen zu erkennen, wurden auch schon auf allen vieren vor Pfützen gesehen.

**Zoophobie**
Angst vor Tieren. Hunde, Wildschweine, Eichhörnchen, Spechte, Kamikaze-Greifvögel, Walker – kein Untier, mit dem es der Läufer nicht schon zu tun bekommen hätte. Was hilft? Ein Knüppel in der Linken (in der Rechten schwappt ja schon die Wasserflasche).

# 19.
# ANGST-SPEZIAL: FURCHT VOR FRAUEN

*Achim Achilles friert. Natürlich könnte er sich bewegen, damit ihm wieder wärmer wird. Aber er steckt in einer Krise. Die eigene Frau kommt in Form, und die anderen sind eh schon schneller. Achim wehrt sich zwar, seine Mittel sind allerdings bescheiden.*

Mona läuft jetzt auch, schon zum dritten Mal diese Woche. Trotz des gruseligen Wetters. Laufen mache ihr Spaß, sagt sie. »Übertraining«, warne ich. »Papperlapapp«, entgegnet meine Frau. Mona hat keinen Pulsmesser und läuft in Aerobiclatschen von »Venice Beach«. Sie hat keine Ahnung von Aminosäuren. Sie macht alles falsch. Aber sie läuft. Alle Frauen laufen. Als ich am Sonntag die 400 Meter zur Tankstelle fuhr, um die *BamS* zu holen, sah ich durch die Regenschleier Dutzende von Aktiven. Es waren ausschließlich Läuferinnen.
Wir erleben den Beginn des Merkel'schen Zeitalters. Die Trümmerfrauen sind zurück. Hart und zäh. Wasser nippen, kein Weihnachtsgeld, Laufen im Regen (zur Not barfuß) – und trotzdem gut drauf sein.
Mangel als Möglichkeit. Meine Frau trabt in bröseligem Lycra von 1984. Es merkelt im Lande. Wir technologisch hochgerüsteten Kerle, die angesichts eines Regentropfens spontanes Halskratzen verspüren, sehen verzärtelt aus. Zeit, dass das patriarchalische

Imperium zurückschlägt. Ich muss wieder laufen, schneller, länger, mehr als Mona. Leider ist Regenerieren meine stärkste Disziplin.

Montagnachmittag war es so weit. Im Halbdunkel raus an den Schlachtensee. Nasses Laub macht mich krank. Egal. Es ist eine gute, frauenfreie Zeit. Gleich kommt »Marienhof«, und das Abendbrot muss auf den Tisch. Stunde des Mannes. Frauen sollten generell nicht laufen. Laufende Frauen sind schuld, dass Männer sich schlecht fühlen. Entweder sind sie zu langsam, dann zählen sie nicht als Gegner. Oder sie sind zu schnell. Dann machen sie mich depressiv. Mal sind sie zu dünn, mal zu dick. Eine normal gebaute Frau mit dem richtigen Tempo ist von der Evolution nicht vorgesehen.

Ich trabe herrlich allein. Kein weiblicher Stressfaktor in Sicht. Die ersten zehn Minuten ganz locker angehen lassen. Kurz über dem Steiß knackt es wie beim Holzfällen. Das linke Knie quietscht, das rechte knarzt. Die Lunge presslufthämmert. Wüsste ich nicht, dass es besser wird, würde ich sofort aufhören.

Hinter mir schwillt der feste Schritt des fortgeschrittenen Läufers an. Klingt wie ich früher. Atem kaum hörbar. Wahrscheinlich um die 30 Jahre, keine 80 Kilogramm, Marathon in 3:30 Stunden, klassischer Kandidat für einen Ermüdungsbruch. Einfach überholen lassen. Konfuzius sagt: Suche dir Gegner, die du schlagen kannst.

Er federt an mir vorbei. Hebt die Rechte kurz zum Gruß. Dünne muskulöse Beine, unbehaart. Dafür langer Zopf. Eine Frau! Eine schnelle Frau. Eine schnelle Frau ohne Fernseher, die kein Abendbrot machen muss.

Ich huste mir den Schleim von der Lunge. Kann ich mir das gefallen lassen? Nein! Sie hat bestimmt nur kurz beschleunigt, fürs Überholen. Sie wird schon langsamer. Ich ziehe unmerklich an. Die kauf ich mir, die Kleine. Wenigstens der Abstand muss bleiben. Auf keinen Fall darf der Verfolger hektisch klingen. Ich schenke mir mein Hecheln. Und im Finale die Sache dann klarstellen.

Die Maus ist schnell. Puls im Grenzbereich. Warum ausgerechnet jetzt Seitenstiche? Ich hasse Seitenstiche. Der US-Laufguru James Fixx sagte einmal, an Seitenstichen sei noch keiner gestorben. Vielleicht bin ich der Erste. Die Läuferin verschwindet hinter einer Kurve. Hau doch ab. Single-Weib wahrscheinlich, kompensiert alles mit Laufen. Verbissene Karrieretante. Keinen blassen Schimmer vom optimalen Trainingstempo – viel zu schnell. Mein Atem beruhigt sich langsam. Ich laufe mein Rennen. Dieses ewige Gewinnenwollen ist doch albern.
Die Schlussstrecke bis zum Parkplatz verläuft in einer langen, geschwungenen Gerade. Sechs Kilometer hatte ich geschafft, das ist ganz gut. Soll ich noch eine zweite Runde? Nee, besser nicht. Lieber einen strammen Endspurt. Das Opfer wartet schon. Eine Schnappleinenlänge vor mir schlurft es. Sieht müde aus. Den hole ich mir, den mache ich frisch. Ich ziehe an. Hungrige Schritte. Ich Jäger, du Beute. Leiden soll er für alles, was mir heute angetan wurde. Ich kriege dich, du Flasche. Ich fliege auf den Parkplatz. Sieg.
Ich pumpe ein wenig. Stiller Triumph. Ich drehe mich beiläufig um. Verflucht. Was ich da im Fotofinish besiegt habe, war schon wieder eine Frau, nicht jung, nicht schlank, nicht schön, nicht schnell. Sie biegt auch nicht auf den Parkplatz. Läuft weiter. Macht einfach noch eine Runde. Es wird ein harter Winter werden.

# 20.
# BRITNEY IN DER SPRUNGGRUBE

*Achim ist schockiert, als er beim Training im Stadion Wilmersdorf bei den Bundesjugendspielen zuschaut. Einige Schüler kommen gar nicht ins Ziel, andere wollen sich ihre Klamotten nicht dreckig machen. Kein Wunder, dass wir keine Medaillen mehr holen.*

Oh, heilige Ruhe in meiner Oase der Meditation. Der wunderbarste Ort an einem trüben Berliner Wochentag liegt eingebettet zwischen Kleingartenkolonie, Autobahnkreuz und Friedhof: das Stadion Wilmersdorf. Großer Sport wird hier schon lange nicht mehr getrieben. Eine Kurve der Tribüne wurde begrünt, in der anderen wächst Wein der Sorte Bleierner Schöneberger. Der Rasen ist welk, aber die Tartanbahn aus unerfindlichen Gründen neulich repariert worden.

Welch ein Luxus – ein Privatstadion, garantiert walkerfrei, kaum Zeugen, die über mich grinsen, und auch kein Stress durch Horden tumber Tempobolzer, die irren Blicks weißen Speichelschaum ausschnauben. Hier ist man Schlurfer, hier darf man schleichen. Nur selten fegt ein drahtiger Jüngling über die Bahn und macht zehnmal 1000 Meter in der gleichen Zeit wie ich achtmal 500.

Früher hätte ich den Knaben verdammt für seine billige Angeberei. Aber als gelassener Laufroutinier weiß ich: Die Kunst liegt im ausgiebigen Genuss der Strecke. Der Muskelfaserriss wird den Heißsporn früh genug ereilen.

Manchmal ist eine ältere Dame da, die schon vor 70 Jahren ihre Keulen geschwungen hat. Ihr Prusten wird noch das Gebiss auf den Tartan wehen. Zweimal habe ich sie überrundet. In meinem Alter lässt man keinen Triumph aus.

Noch aufbauender als alte Damen sind Schüler. Neulich hatte sich wieder ein Rudel in meinem Privatstadion zusammengerottet. Sie nennen es Bundesjugendspiele, doch es war ein Graus, wie Samantha und Kevin laufen, springen, werfen. Bundesjugendspiele sind der Beweis, dass unser Nachwuchs auch physisch jeden Pisa-Test versemmeln würde: Laufen als Survivalübung, Sprunggruben als Gefahr für die Garderobe und ein Schlagball als Suizidinstrument.

Mit großen Augen starrten die jungen Menschen und ihre pädagogischen Betreuer auf mich, den älteren Herren, der tatsächlich freiwillig Runden lief. Unfreiwillig wurde ich Zeuge eines 100-Meter-Laufs, dessen Teilnehmerinnen nur knapp dem Notarzt entgingen. War es der Frotteeanzug, der das kompakte Mädchen daran hinderte, die Distanz zu bewältigen? Wobei ihre hagere Mitschülerin in der knapp geschnittenen Jeans auch nicht schneller war. Es lag wohl an der Handtasche, die sie um die Schulter gehängt hatte. Ballerinas sind ja im Prinzip nicht schlecht für Sprintdistanzen. Allerdings sollte die Hacke nicht dauernd herausschlappen.

Solidarisch kollabierten beide Läuferinnen jedenfalls auf halber Strecke. Ein Mädchen mit Kopftuch legte sich wenig später dazu. Die vier moppeligen Lehrerinnen am Zeitnehmertisch warteten geduldig, bis Britney, Paris und Shakira Arm in Arm ins Ziel getaumelt waren.

An der Sprunggrube führte ein Pädagoge das Kommando, der aussah wie Peter Maffay. Mangelnde Größe kompensierte er mit Lederjacke und zehenquetschend spitzen Stiefeln. Ernst nahmen ihn die Schüler dennoch nicht.

Seine Kommandos gingen immer wieder ins Leere. Kein Wunder, wenn alle jungen Athleten Ohrenstöpsel tragen. Früher hatten wir Probleme, den Balken beim Absprung zu treffen. Heute vermeidet es die Jugend, die Sprunggrube zu berühren. Sie landen auf den Zehenspitzen, um ihre blütenweiße Hosen, Jacken und Basketballschuhe nicht zu ruinieren. Selten waren Sportklamotten weniger für Sport zu gebrauchen als diese Rapperkostüme.

Auf der anderen Seite des Stadions versuchte sich der Nachwuchs im Schlagballweitwurf. Offenbar hatten manche Schüler erstmals so ein Sportgerät in der Hand. Ein Mädchen in Leggins und Daunenjacke, das aussah wie Mandy, verlor den Ball beim Ausholen. Macht minus sechs Meter. Beim nächsten Versuch warf sie den Ball zwar, aber leider hoch statt weit. Er fiel ihr vor die Füße. Resultat nach zwei Durchgängen: minus fünf Meter.

Ich hatte genug gesehen und trat die Flucht an, die Treppenstufen empor. Oben kamen gerade ein paar grinsende Rapclowns angeschlendert, schnippten die Kippen ins Gebüsch und riefen beim Hinabsteigen zum Lederjacken-Bonsai: »Herr Baumann, wir sind leider verletzt.« Ich begrub sämtliche Medaillenhoffnungen für die nächsten 20 Jahre.

# 21.
# KAMPF GEGEN DAS
# ORGANISIERTE ERBRECHEN

*Achim ist ein Spitzenathlet. Das weiß auch Mona – und deshalb hat sie ihn ins Trainingslager geschickt. Gute Idee, fand Achim und entwarf für sich sofort das härteste Trainingsprogramm in der Menschheitsgeschichte. Dumm nur, dass auch Klaus Heinrich mit von der Partie war.*

Mütter und ihre Neugeborenen sind eine Einheit. Das hat die Natur so vorgesehen. Väter stören da nur. Sobald sie das gemeinsame Konto gefüllt und die Wärmelampe über dem Wickeltisch angeschraubt haben, sind sie vor allem eins: im Weg. Zumal sich Karl, unser Ältester, in der Rolle des Cheforganisators gefiel.
Mona hatte ihre Schwester Ingrid zu uns eingeladen. Ingrid trägt den Von-der-Leyen-Orden zweiter Klasse: Sie hat vier Kinder, Schneidezähne wie Gabi Dohm und den Charme von Frau Malzahn. Ich habe Angst vor Ingrid, erst recht, seitdem sie bewaffnet ist: Sie hat sich Walking-Stöcke bei Tchibo gekauft. Ich hatte das Gefühl, dreimal am Tag trainieren gehen zu müssen. Zu viele Frauen und Kinder dort, wo mal mein Zuhause war – das mobilisierte Fluchtinstinkte.
»Ich habe eine Überraschung für dich«, flötete Mona eines Morgens. Achtung, Achilles, da lauert ein Trick, dachte ich sofort.
»Am Wochenende fliegst du eine Woche nach Fuerteventura«, erklärte meine Frau, »mit Klaus Heinrich, ins Trainingslager – alles

organisiert, alles bezahlt.« Wie bitte? Wo war der Haken? Aber es gab keinen. Ich sollte einfach nur weg – Abschiebung de luxe.
Umgehend malte ich einen Trainingsplan: 1. Tag, 6 Uhr aufstehen, 2000 Meter schwimmen mit 10 mal 100 Meter Intervallen, Frühstück, 80 Kilometer locker Rad fahren, Mittag, Ruhe, dann 15 Kilometer laufen in profiliertem Gelände. 2. Tag, 6 Uhr aufstehen, 12 Kilometer Tempolauf, Frühstück, 100 Kilometer Rad, Mittag, Ruhe, 2000 Meter schwimmen locker, vor dem Abendessen kurzer Regenerationslauf in der Abendsonne. Ich streute 20 Trainingseinheiten über sechseinhalb Tage. Bei den Dorftriathlons im Sommer würde ich glänzen wie zu meinen besten Zeiten, wenn ich die je gehabt hätte.
Klaus Heinrich wieherte, als ich ihm am Flughafen seinen Plan überreichte. Als der Getränkewagen das erste Mal durchs Flugzeug hoppelte, bestellte der Mann, den ich für meinen Trainingspartner gehalten hatte, ungefragt einen Rotwein für mich, morgens um halb zehn. »Das gibt rote Blutkörperchen«, sagte Klaus Heinrich gut gelaunt. Wir prosteten uns zu.
Bei der Landung hatte ich Unmengen von roten Blutkörperchen gesammelt. Die Sonne killte mich. Die Fahrt im Bus wurde zum Kampf gegen das organisierte Erbrechen. Im Hotel hatten wir uns erstmal hingelegt. Zum Laufen war es eh zu warm. Und als wir aufwachten, war es zu spät. Zeit fürs Abendbrot. Danach war es zu dunkel. »Nur noch einen Drink«, sagte Klaus Heinrich und zog mich an die Bar.
Mona hatte »all inclusive« gebucht. Wer so viel Sport treibe, müsse auch ordentlich essen, hatte sie gedacht. All inclusive ist bestimmt von den Weight Watchern erfunden worden. Damit sie immer neue Kundschaft kriegen. Es gibt praktisch keine Sekunde und keinen Fleck, an dem es nicht irgendwo etwas zu essen oder zu trinken gibt. Die drohende Unterzuckerung zwischen den üppigen Buffets wird mit Sandwiches und Kuchen verhindert.
All-inclusive-Kunden sind Fresssüchtige, Alkoholiker oder beides, also vornehmlich Rheinländer. Sie kommen in drei Farb-

tönen: weiß (am ersten Tag), rosa-lila (vom zweiten bis vierten) und schinkenwurst (danach) und sind ununterbrochen damit beschäftigt, über das Hotel, das sie »Anlage« nennen, und das Essen zu schimpfen oder irgendwem eine Klage anzudrohen. Wie konnte es der Standort Deutschland mit diesem Personal so weit bringen?

Am nächsten Morgen wollten wir schwimmen. Doch der Wecker klingelte nicht, was daran lag, dass ihn keiner gestellt hatte. Ich schreckte hoch, weil Klaus Heinrich mir ins Ohr brüllte: »Nur noch zehn Minuten Frühstück.« Mahlzeiten verpassen, das war das größte Drama. Wir sprinteten am Pool entlang, wo Kaulquappen auf zwei Beinen damit befasst waren, Sonnenliegen zu blockieren. Hier würden alsbald Tonnen von Gammelfleisch entrollt.

Weil die beiden Hotelräder ausgeliehen waren, begaben wir uns nach dem Frühstück auf die Laufstrecke, die von olympischer Güte sein sollte, wie Mona versichert hatte. Tatsächlich: Zwischen Club Aldiana und Club Robinson verlief eine rot angemalte Strecke, zweieinhalb Kilometer mit leichten Steigungen. Links das Meer, rechts Daddelhallen mit Rheinländern.

Leider hatte sich die Strecke offenbar bei Spitzenläufern herumgesprochen. Während wir einliefen, überholten uns die ersten drei Finisher-T-Shirts. Gegrüßt wurde nicht. Kampfzone. Ich zog den Bauch ein und freute mich über jeden Walker, den ich begrinsen konnte. Ich zweifelte, ob wir unseren Trainingsplan würden einhalten können.

# 22.
# HUNGERKRÄMPFE NACH DEM WADEN-BURNING

*Eigentlich wollte sich Achim in seinem Trainingslager auf Spitzenleistungen vorbereiten. Doch wie soll man Form aufbauen, wenn das Material nicht stimmt, der Pool eine Waschanlage für Fußpilzträger ist und der spanische Hotelkoch am liebsten auch das Besteck frittiert hätte?*

Noch nicht mal 24 Stunden im Trainingslager und schon lagen wir uneinholbar hinter meinem Übungsplan zurück. Wohlwollend gerechnete 60 Minuten Trab in der Vormittagshitze von Fuerteventura und eben der Sprint zum Frühstücksbuffet, das war keine großartige Bilanz. Lag es am Plan oder an den Athleten?
Nach dem Essen soll man nicht schwimmen, also inspizierten wir den Pool. Das Schwimmbad bestand aus Rundungen, so dass sich eine nennenswerte Strecke nur absolvieren ließ, wenn man im Kreis schwamm. Wir würden mit zwei völlig verschiedenen Bizepsen nach Hause kommen, einem geschwollen-stählernen und einem aus Wackelpudding. Das schuf Raum für Spekulationen über unseren Zeitvertreib zwischen den Trainingseinheiten.
Ich beobachtete einen pilzfüßigen Rheinländer, der barfuß aus dem Klo kam und direkt ins Wasser trottete, vorbei an zwei Kleinkindern, die sich prustend Wasser mit einer Gießkanne über den Kopf gossen. »Wir schwimmen heute Abend«, befahl ich. Klaus Heinrich gähnte. Er war nicht das, was man eine Motivationsgranate nennen würde.

Wir gingen zum Radverleih. Hier herrschte Juan, der tagsüber für die Animation der Kleinkinder zuständig war und abends für die der alleinreisenden Damen. »Reservieren für übermorgen?«, fragte Juan. Morgen war schon ausgebucht. »Si«, sagte ich weltmännisch. Hätten wir für eine Woche unsere Rennräder mitnehmen sollen, nur um sie von lieblosen Kofferpackern auf dem Flughafen ruinieren zu lassen? Ja, wir hätten.

Bilanz beim Mittagessen: Kölsch-kontaminierter Pool, keine Bikes, aber Hunger wie ein Grizzly, der seit Monaten auf Magerquark darbt. Ich beschränkte mich auf drei Gänge zum Buffet. Ich fühlte schon mindestens zwei Kilo mehr auf den Hüften. Klaus Heinrich schwenkte eine Flasche Rotwein. »Ist Urlaub«, sagte er. »Ist Trainingslager«, erwiderte ich.

Gegen fünf wachte ich auf. Meine Waden brannten wie Hölle. Mittagsschlaf in der Kanarensonne – ein Amateurfehler. Waden-Burning statt Carbo-Burning. Ich hatte Hunger. Eine Nanoportion Zitronenkuchen würden nicht ins Gewicht fallen. Um sechs zog es die pilzigen Kölner zu ihrer Spezialdisziplin »Weinbranding« an die Bar. Endlich hatten wir den Pool für uns.

Klaus Heinrich hatte seine Paddles dabei. Kinder stellten sich am Poolrand auf und lachten über den Onkel mit den komischen Patscheflossen und dem Schaumstoffbrett zwischen den Beinen. Ich drückte mir die dunkle Schwimmbrille ins Gesicht. Hoffentlich zeigten beim Abendbrot nicht alle Kinder auf die Heinis, die nur mit Hilfsmitteln schwimmen konnten.

Das Wasser schmeckte wie die Emscher vor 30 Jahren. Die Rheinländer hatten offenbar nicht nur die Füße ins Wasser gehalten. Ich sehnte mich nach meinem Berliner See mit Killerwels, Entengrütze und Schwanenkot. Die Wahrscheinlichkeit zu überleben war dort allemal größer. Nach 600 Metern war mir schlecht. Ich verspürte Hungerkrämpfe.

Abends war Themenbuffet: spanische Küche. Ich nahm kleine Teller wegen der Psychologie. Die waren eher voll. Das Orgienthema hätte besser »Fritteuse« geheißen. Alles war in Fett gebacken, selbst mein Alibi-Brokkoli. Heldenhaft beschränkten wir uns auf eine gute Flasche Rotwein, jeder.

Für den nächsten Morgen stellte ich den Wecker. Klaus Heinrich grunzte, als ich ihm morgens seine getragene Laufsocke über die Nase stülpte. »Ich bin verletzt«, grunzte er. Gar nicht wahr. Er hatte Juan nur bei seinen Betreuungsaufgaben geholfen, während ich früh aufs Zimmer gegangen war, um mit Monas Selbstbräuner einen scharfen Kontraststreifen auf meinen Oberschenkel zu ziehen und dann noch etwas Steffny zu lesen. Dabei schlafe ich immer besonders schnell ein.

Also ging ich allein laufen. Es war großartig. Fast eineinhalb Stunden, davon die Hälfte am Strand. Ein halbes Pfund war ich bestimmt losgeworden. »Heute Abend gehe ich nochmal«, sagte ich zu Klaus Heinrich, der unter der Dusche stand und nichts hörte, »zweimal am Tag ist total effektiv.« Mein Wadenleiden war wie weggehext.

Die reservierten Räder erwiesen sich als Krücken, Baujahr: kurz nach Francos Machtübernahme. Bilanz nach einer Woche Trainingslager: gut 100 Kilometer gelaufen, knapp sechs Kilometer Brackwasser durchpflügt.

»Du siehst ja prächtig aus«, sagte mein Mönchen, als sie uns am Flughafen abholte, »gar nicht mehr so ausgemergelt.« Klaus Heinrich feixte. »Er hat ja auch den ganzen Tag gefressen«, petzte er. »Nur Gemüse«, log ich. »Hauptsache, ihr seid topfit«, entgegnete Mona. Ich nickte.

# 23.
# SCHENKEL-EXHIBITIONISMUS PUR

*Läufer sind eitel. Ganz besonders, wenn es um ihre Beine geht. Kaum ein Spiegel wird ausgelassen, um sich am trainierten Muskel zu ergötzen. Doch es gibt auch andere Beine, die Fettfessel zum Beispiel. Achim stellt seine ganz persönliche Typologie vor.*

Läufer rangieren auf der deutschen Eitelkeitsskala ganz weit oben. Was den Kleingärtnern ihre Gartenzwerg-Ausstellung, das ist dem Kölner seine frisch gedrehte Dauerwelle und Mandy aus den neuen Ländern die kunstvoll lackierten und mit Glitzer verzierten Fingernägel. Läufer hingegen zeigen ihre Schenkel vor.
Jedes Wochenende feiern die Schenkel-Exhibitionisten ihr Bein-Fest auf irgendeinem Volkslauf. Egal, wie kalt es ist, gleichgültig, wie bescheuert es aussieht – das Läufervolk trägt die Beinkleider schon zwei Tage vor dem Start maximal in halb bis dreiviertel, damit auch jeder das Statussymbol sieht, den Muskel und Sehnen gewordenen Beleg jahrelanger Trainingsfron.
Besonders lästig verhält sich der Läufer an Schaufenstern, Toilettenspiegeln oder hochglanzpolierten Standaschenbechern. Denn da bremst er gern abrupt ab, um einen prüfenden Blick auf seine Hochleistungsstelzen zu werfen. Der letzte Check ist ja schon mindestens zwei Minuten her.
Beine sind wie Frauen: Der erste Eindruck täuscht bisweilen, der zweite auch. Schön ist noch lange nicht gut. Ob im Bein wirk-

lich Wahrheit liegt, ermittelt folgende Typologie der Ausdauerschenkel.

**Beulenbein, Wuchtwade**
Sieht aus, als sei unter der Haut eine kurze dicke neben einer langen, etwas dünneren Fleischwurst implantiert. Vor allem bei älteren und/oder korpulenten Herren zu beobachten oder in primitiveren Kulturen wie etwa bei bayerischen Lederhosenträgern, die stolz ein handgestricktes Band um ihr bestes Stück drapieren. Dicke Beulenbeinträger haben Kraft, aber keine Ausdauer, magere Beulenbeine, auch ältere, sind dagegen zähe Knochen.

**Aderbein, auch »Storchenstelze« oder »Fliegenbein«**
Gegenteil vom Beulenbein. Sind die strohhalmdünnen Dinger nun Krampfadern oder Muskeln? Als Ergebnis ausdauernder Diäten gibt es die besonders unansehnliche Abart des Beutelbeins. Beim Wadenschlackern, das der Läufer gern im Sitzen vollführt, muss er aufpassen, dass der leere Wadenbeutel sich nicht ums Schienbein wickelt. Aderbeine sind meistens hell, Blutgefäße und Hämatome sind prima zu unterscheiden. Im Wettbewerb nimmt es allerdings bald Farbe an. Weißbein verwandelt sich in Rotbein. Achtung: Aderbeine sind meistens schneller, als sie aussehen.

**Fettfessel**
Vor allem bei Walkern anzutreffen, auch in der Landwirtschaft einsetzbar. Ein gutes Bein sieht aus wie eine Sektflasche, die auf dem Kopf steht. Die Fettfessel dagegen hat die Form einer Litfaßsäule, vom oberen Teil, dem Quarkschenkel, bis nach unten durchgehend konturlos. Knöchel sind nicht zu erkennen, sondern nur durch Grübchen angedeutet. Knie etwa dort, wo sich die Wulst durchbiegt. Größere Blutgerinnsel wechseln sich mit Tätowierungen ab, gern geflügelte Turnschuhe oder das keltische Symbol für »Atkins-Diät«. Keine Sporthose der Welt vermag es, nicht in die weiche Masse einzuschneiden.

**Baywatch-Bein**
Fast so perfekt wie eine Prothese. Tiefes künstliches Malle-Braun auch im Winter, bisweilen allerdings scheckig, da der Selbstbräuner unregelmäßig aufgetragen wurde. Täglich rasiert, gecremt, gestreichelt, geküsst, Muskelstränge im Fitnessstudio nachbearbeitet. Gäbe es sein Bein als Klingelton, würde sich sein Besitzer den ganzen Tag selbst anrufen. Das Baywatch-Bein schlendert stundenlang über jede Läufermesse, auch im Kreis, damit auch jeder andere Teilnehmer seine Status-Schenkel sieht. Schleppt eine missmutige Frau hinter sich her, die sich leise fluchend fragt, wie sie an einen Kerl geraten konnte, dessen bestes Stück sein Bein ist. Im Wettbewerb extrem langsam, damit er von möglichst vielen gesehen wird.

**Wurstbein**
Dem überästhetisierten Baywatch-Bein steht am anderen Ende der Geschmacksskala das Wurstbein gegenüber. Es ist seinem Besitzer nämlich völlig wurst. Da schneidet die lila Hose ein, die Haare sprießen, größere Inseln der Austrocknung an den Schienbeinen. Die Kunstfasersocken lassen auf großflächigen Pilz zwischen den Zehen schließen. Wurstbeinläufer sind besonders tückisch: Sie wissen oft gar nicht, was sie drauf haben, und ziehen am Ende einfach mal einen Sprint an. Meist gewinnen sie auch noch, vor allem gegen Baywatch-Beine.

**Profibein**
Vorne bei den Schnellläufern. Sehr lang, sehr rasiert, durch knappe Hosen noch betont, mager, aber muskulär durchdefiniert. Neidbein. Besser gar nicht hingucken.

# 24.
# DIE WADE IST DER BLINDDARM DES BEINES

*Sie sind schön, aber auch sensibel, diese Läuferbeine. Gerade vor Wettkämpfen zwickt die Wade und auf der Schulter duellieren sich Engel und Teufel. Jetzt hilft nur noch ein Cocktail aus Asbach und Aspirin oder eiserner Wille.*

Es sind die großen Dramen, welche die Läuferseele quälen. Der Widerstreit zwischen Verantwortung und Ehrgeiz zum Beispiel. Wie soll man mit einer Wadenverletzung umgehen, die nicht verschwinden will, aber auch nicht so sehr schmerzt, dass man praktisch überhaupt nicht mehr laufen kann?
Wie soll man sich vor allem verhalten, wenn nächste Woche Halbmarathon ist? Schwänzen? Indiskutabel. Oder soll man vielleicht doch innere Größe beweisen und das blöde Rennen einfach sausen lassen? Aber Läufer und innere Größe, das passt nun mal nicht zusammen. »Sei doch einmal vernünftig«, sagt Mona. »Pah«, denke ich.
Rechts auf der Läuferschulter sitzt ein Engelchen im weißen Kittel, hat ein Stethoskop umgehängt, hebt mahnend den Flügel und predigt: »Du weißt doch, dass du nicht laufen sollst, wenn dir was wehtut. Verzichte auf den blöden Halbmarathon. Es gibt so viele davon. Willst du dir die ganze Saison ruinieren?« Im Prinzip hat das Engelchen Recht, nur: Was schert mich die Saison? Ich will bei diesem einen Halbmarathon gut sein. Es gibt kein Danach.

Das findet das rote Teufelchen auch, das auf der anderen Schulter sitzt. Es hält links eine Packung Schmerzmittel in der Kralle, rechts eine Knochensäge und spricht wie Peter Greif. »Stell dich nicht so an«, wispert es grinsend, »Mann oder Maus? Du bist in der Form deines Lebens. Willst du etwa, dass die Frauen aus deiner Laufgruppe über dich spotten? Und dass Kuddel schneller ist als du? Willst du ein Jahr mit der Schmach des Drückebergers herumlaufen? Was kann schon passieren? Dein Bein wird nicht absterben. Beine kann man schnell wieder hinkriegen. Bestzeiten nicht. Zur Not wirfst du ein paar Pillen ein.«

Meine Wade ist mir völlig egal. Ich habe kein näheres emotionales Verhältnis zu ihr. Höchstens, wenn ich sie rasiere. Sie soll funktionieren und nicht wehtun. Sie hat keinen Anspruch auf besondere Pflege. Sie ist nur Wade, allenfalls ein Statussymbol im Sommer, mit Muskelbrötchen und dicken Adern. Die Wade ist die Ursula von der Leyen in der Hierarchie der Körperteile – ganz fotogen, ansonsten unwichtig, völlig überschätzt.

Letztendlich besteht sie aus zwei Knochen mit Muskeln drum herum. Das Knie drüber oder der Fuß darunter, das sind hochkomplexe Apparate. Aber die Wade ist nur da, damit zwischen Knie und Knöchel keine Lücke klafft. Eine Art Blinddarm des Beines. Wurmfortsatz des stolzen Oberschenkels. Im Notfall leicht zu ersetzen. Ein plastischer Chirurg formt eine Wade aus zwei Alustelzen vom Dreibeingrill und vier Pfund Gehacktem locker nach.

Ich habe sie trotzdem geschont und mich fast streng an die Anweisungen vom Doktor gehalten. »Willst du die Wahrheit wissen?«, fragte der Arzt meines Vertrauens vor einer Woche. »Ja«, log ich. »Du bist übertrainiert. Total verkrampft und verspannt und entzündet. Wenn ich nicht wüsste, dass du dann den Arzt wechselst, würde ich dir vier Wochen Pause empfehlen.« Er erteilte mir eine Woche Laufverbot, heiße Bäder, vorsichtiges Schwimmen und legte mir nahe, den Halbmarathon abzusagen.

Aber nicht mit mir. Die ganze Nacht vor dem Rennen hatte ich mich im Bett gewälzt. Meine Wade brannte wie Feuer. Die Selbst-

medikation mit Franzbranntwein war wohl doch nicht so schlau.
»Mach dir Quarkwickel«, hatte Mona am Abend gesagt. Klar, und dann stecke ich mir noch ein Räucherstäbchen ins Ohr. Meine Gattin war mal wieder aufs Sofa umgezogen. Stöhnende Läufer wirken nicht auf alle Frauen erregend.
Zum Glück bin ich ein Schnellheiler. Natürlich bin ich beim Halbmarathon angetreten. Sicherheitshalber bin ich schon um kurz nach sechs aufgestanden. Denn nach dem Aufstehen ist die Wade immer besonders widerspenstig. Auftreten geht gar nicht. Aber ab acht kommt sie dann auf Touren. Wenn ich nicht sitze oder liege, ist alles wunderbar. Und nachmittags auch. Die Veranstalter sollten einen Spätstart für Wadenkranke einrichten.
Ich hatte kurz noch überlegt, zu einem Betäubungstrick zu greifen. Klaus Heinrich hatte mir von einem Spezialrezept aus seiner Bundeswehrzeit erzählt. Ein Cocktail aus Cola, Asbach und Aspirin hätte sie über jeden Gepäckmarsch getragen. Mein sensibler Magen hätte sich an der ersten Kurve umgestülpt. Außerdem hätte man den Asbach gerochen. Nein, die Läuferehre befiehlt: keine Pillen, jedenfalls keine starken. Höchstens Magnesium.
Ans Rennen kann ich mich kaum noch erinnern. Nur daran, dass die ersten zehn Kilometer die Hölle waren. Die letzten auch. Dazwischen lief es aber sehr ordentlich. Am Ende habe ich meine Bestzeit um 23 Sekunden unterboten. Es hat sich gelohnt.

# 25.
# NEVER CHANGE A WINNING SIEBEN-GÄNGE-MENÜ

*Die Ernährungsrevolution hat böse Folgen, weiß Wunderläufer Achim Achilles. Während man sich früher nach einem anstrengenden Lauf mit Wein und Bruschetta belohnen durfte, gibt es heute Tofu und Salat. Eine körperliche Verbesserung ist jedoch nicht zu erkennen.*

Früher war ich zwei Stunden trainieren, Mona machte sich hübsch derweil. Frisch geföhnt liefen wir bei Tino ein, dem Carbo-Loader unseres Vertrauens. Mona stöckelte vorweg, stracks in Tino hinein, der sein bisexuell-testosteronhaltiges »Ah, oh, ciao, Ragazza, Bella, Mamma mia« quiekte. Was Algerier eben für Italienisch halten. Schmatz links, Schmatz rechts, noch einen links. Mona fühlte sich wie Claudia Cardinale und ich wie ihr Beschützer. In gemessenem Abstand kam ich angehumpelt. »Viele Sporte, molto Atletico, Achilles Olympico«, brabbelte Tino anerkennend und in genau der richtigen Lautstärke, um den ganzen Speckspaten an den Tischen ringsherum einen widerwillig anerkennenden Blick abzunötigen.

Herrliche Zeiten damals, als Männer noch Männer waren, Frauen keine Gerippe und die goldene Regel hieß: Laufen verbrennt Kohlenhydrate, also können wir bei Tino auf der Terrasse jede beliebige Menge nachladen: erst mal lecker Fluffiweißbrot mit Öl und Salz, Bruschetta, ein Mittelgebirge Nudeln gegen den Zwischenhunger, Biere gegen den Durst, ein Doppelzentner Ossobucco für die Kraftausdauer, mit Erdbeerpannacotta abbinden und kontinuierlich mit Rosso spülen. Soll ja viel Eisen drin sein. Roter Wein, rotes Blut – passt perfekt. Und im Grappa ist bestimmt auch irgendwo ein Vitamin versteckt oder Aminosäure. Auf jeden Fall Glückshormon. Bestgelaunt schwankten wir nach Hause, Hand in Hand wie am ersten Tag, um dort nochmal durch den Kühlschrank zu browsen. Pures Glück. Und genug schlechtes Gewissen, um am nächsten Morgen gleich wieder loszutraben. Waren wir dicker damals? Unglücklicher? Langsamer? Eben.

Never change a winning Sieben-Gänge-Menü, sagt der Laufexperte. Und doch haben wir es alle getan. Seit etwa zwei Jahren dürfte der Pasta-Umsatz bei Tino dramatisch gesunken sein. Mona und alle anderen Frauen dieser Welt sind der Iss-dich-fit-Sekte beigetreten. Und ihre Weicheier von Kerlen gleich mit. Essen dient nicht mehr dem Vergnügen, sondern muss eine tiefere Bedeutung haben.

Weißbrot und seine vielen Weißmehlverwandten sind allesamt verbannt. Olivenöl auch, weil Raps viel besser ist. Stundenlang muss ich vor Fenchel meditieren. Immerhin ist Kresse drauf und ein Spritzer Zitrone, weil der angeblich Fett verbrennt. Hätten wir Mäuse auf unserem Tisch, würden sie sich heulend zu Boden stürzen. »Ich brauche Treibstoff für mein Tempotraining«, winsele ich meine Gattin an. »Da ist ganz frischer Tofu im Kühlschrank«, sagt Mona, »und Linsenmus mit Ingwer.« Super. Immerhin keine Rhabarber-Thunfisch-Paste an Vollwert-Mangold.

Wir sind nicht dünner geworden, seit meine Frau Ernährungsbücher liest. Aber unsere Laune hat sich verschlechtert. Und der Geruch unserer Magenwinde. Der Eierbecher voll Buttermilch, den Mona mir zum Frühstück gewährt, hält auch nicht den ganzen Tag vor. Von Brokkolitorte (ohne Teig) wird mir schlecht. Kein Wunder, dass ich mir bei jedem Drive-in einen Doppelstock-Burger mit Fritten besorge.

Früher habe ich versucht, den Zigarettengeruch aus meinen Klamotten zu kriegen, heute bekämpfe ich den Fastfood-Dunst. Zuckerfreie Salbeipastillen funktionieren ganz gut, wenn man sie kurz anlutscht und dann unter den Hemdkragen klebt. Verräterisch sind allenfalls die Fleischfasern in den Backenzähnen und der Ketchupfleck auf dem Revers. »Ist Kichererbsentatar mit Salbei«, erkläre ich Mona, »total lecker, du.«
Seit Essen eine Wissenschaft ist, ist die gute alte Fressromantik bei Tino zum Teufel. Die Frau, die mal meine genussfreudige Gattin war, kommentiert die Tageskarte gnadenlos durch: Pizza? Geht nicht. Kohlenhydrate. Und Fett. Nudeln? Dasselbe. Viktoriabarsch? Verboten, weil aus Afrika, zu viel $CO_2$ zwischen den Schuppen. Kalbsleber Veneziana? Giftbombe. Filet in Zitronensoße? Schwein? Willst du dich umbringen? Ja, will ich, am liebsten mit $CO_2$-haltigem Kohlenhydratschwein.
Während die Kinder an ihrer Pizza herumsäbeln, werde ich zu Salat mit Lammstreifen verdonnert. Nette Vorspeise. Für Hasen. Mona behauptet, sie habe nie Hunger, weil sie viel Wasser trinke. Zum Glück verschwindet sie deswegen dauernd zur Toilette. »Papa hat Pizza geklaut«, petzt mein Sohn Karl. Tolle Brut, kaum in der Pubertät, schon so loyal wie Andrea Nahles. Mona gießt mir zur Strafe noch mehr Wasser in den Weißwein.
Wie soll ich Spitzenleistungen erlaufen, wenn mein Kopf weiß, dass meine Speicher ratzekahl leer sind. Gefühlte Schwäche ist noch schlimmer als reale. Nach einer Fressorgie bei Tino war ich früher mental bestens aufgestellt. Die Speicher fühlten sich proppenvoll an, und das Gewissen mahnte: Lauf um dein Leben, einfach so, zum Spaß. Heute habe ich Angst vor einem Linseninfarkt mit Tofudurchbruch. Mona ist schuld an einem Sommer ohne Leistungsexplosion.

# 26.
# DEN HALS VOLL

*Achim Achilles ist wütend, sehr wütend. Seine jährlich wiederkehrenden Frühlingskrankheiten machen ihm zu schaffen und lassen ihn sogar an eine Transplantation denken. Wahrscheinlich wäre damit auch seiner Familie geholfen.*

Warum? Warum nur? Warum immer ich? In einem Anfall von Rücksicht hat Mona sogar ihre Gemeinheiten eingestellt. Meine Gattin weiß: Diesmal ist es ernst. Die ganze Saison steht auf dem Spiel, ach was, ein Sportlerleben. Und damit unser Ehefrieden. Wo soll ich gute Laune tanken, wenn nicht im Wald? Zu Hause bestimmt nicht.
Ich bin ein Wrack. Stimmdouble von Udo Lindenberg. Auch der wärmste Sonnenschein kann meinen gequälten Bronchien nicht aufhelfen: Pollen, Klimaanlagen, geschwächte Bronchien durch bakterienverseuchte Kinder sowie der Hunger des Freizeitsportlers nach regelmäßiger Bewegung haben die Atemwege in den letzten zwei Monaten systematisch aufgerieben. Der Hals fühlt sich an, als hätte ich mit dem Badewasser von Pete Doherty gegurgelt.
Der Feind in meinem Hals ist zäh und tückisch. Es wäre untertrieben, wenn man mich als leicht reizbar bezeichnen würde. Ich bin hochexplosiv. Kein Marathon in Mannheim, kein Velothon in Berlin, jener Radmarathon, bei dem ich die ganzen ungehobelten

Rad-Senioren hätte demütigen können. Stattdessen: mit Schal im Bett, Thymianpelz auf der Zunge, Laune weit unter den Sympathiewerten von Kurt Beck. Mona und die Kinder schleichen auf Zehenspitzen und mit mindestens einem Zimmer Sicherheitsabstand durch die Wohnung. Sehr vernünftig: Ein Läufer, der nicht läuft, verwandelt sich in Dynamit. Ein Rennrad ohne meine stählernen Beine ist Technologieverschwendung. Ich drehe noch durch, wenn ich mir nicht bald einen neuen Hals transplantieren lassen kann.

Natürlich ist meine Familie schuld an allem. Wer sonst? Es begann Mitte März. Den ganzen Winter lang lief der Körpermotor nach Trainingsplan. Pfunde lösten sich in Schweiß auf. Die Kraft meiner Schenkel ließ sich kaum mehr unter Kontrolle halten. Ich überlegte, mich in Ferrari-Rot umzulackieren. Achilles war das neue Wort für kraftstrotzende Anmut.

Dann plötzlich diese erste klitzekleine raue Stelle im Hals. Der Kleine hatte aus dem Kindergarten einen gepflegten Reizhusten samt Auswurf in unseren Sportlerhaushalt eingeschleppt. Leichtes Kratzen im Hals? Pah, sagte mein Ehrgeiz. Mit einem flotten Tempolauf haben wir noch jedes Kratzen weggepustet, erst recht, wenn abends bei Marco mit einem Grappa nachgearbeitet wird.

Doch das Kratzen war wie Mona: Es hatte sich an mich gekrallt und stellte seither meine Geduld und Leidensfähigkeit auf die Probe. Den Halbmarathon Anfang April habe ich gerade noch überlebt, danach Hustennächte, lahmes Versehrtentraining, neue Kilos an den Hüften und Kratzenkratzenkratzen. Form futsch, Leben sinnlos.

Immerhin: Ein paar schmackige Runden auf dem Renner geschafft. Zum ersten Radmarathon in der Hauptstadt wollte ich natürlich dabei sein. Radio Eins berichtete ununterbrochen und voller Ehrfurcht. Die ganze Stadt war gesperrt, nur für mich. Sogar der stämmige Herr Thadeusz kommt nach 60 Kilometern in 1:52,11 Stunden ins Ziel – und ich? Stehe im Stau an der Strecke und huste auf alle, die durch die Sonne jagen dürfen. Ich hasse sie. Ich hasse meinen Hals. Sofort anhalten und nächstes Jahr nochmal starten, ihr Kameradenschweine. Premiere gibt es nur einmal. Ich will dabei sein.

Die Diagnosen der Ärzte sind bezaubernd. Drei Behandlungszimmer, vier Meinungen. Die Pollen, sagte einer. Klimaanlage, raunt der andere. Klassische Bronchitis, behauptet der dritte. Oder alles zusammen, mutmaßt Fernando am Telefon, und Asthma obendrein. »Jedenfalls eine Entzündung im Rachenraum«, stellen die Weißkittel fest. Toll. Wäre ich auch drauf gekommen. Dafür muss man die Jungs wirklich nicht zehn Jahre studieren lassen. Will ich Antibiotika? Nein.

Vielleicht ist es ein Zeichen, dass es nun schon im dritten Jahr so läuft. Bis März alles prima. Es folgt ein mäßiger April, im Mai kommt dann der hammerartige Absturz. Wie soll ich es jemals nach Hawaii schaffen mit diesem alljährlichen Einbruch?

»Ginseng«, sagt Mona, »und Chili.« Wir waren also beim Thai am Sonntagabend. Mona hat für mich bestellt. Nach der Vorspeise qualmte es aus meinen Ohren, der Stirnschweiß tropfte in mein mit roten Schärfebomben durchsetztes Hauptgericht. Ich konnte nicht mehr sprechen. Noch ein Sturzbier, dann ins Bett – und von Training träumen.

# 27.
# PACKT DIE BÄUCHE WIEDER EIN

*Achim Achilles sehnt den Winter herbei. Die kalte Jahreszeit, weiß unser Dauerläufer, hat ja auch ihre guten Seiten. Zum Beispiel, dass man sich automatisch lange Klamotten anzieht. Die Nabelschau im Sommer hat dem Läufer schon manchen Grillabend verdorben.*

Der erfahrene Griller weiß um den geschmacklichen Wert von Bauchfleisch. Erst wenn das Fett in großen Tropfen in die glühende Holzkohle fällt und ein kleines kanzerogenes Feuerwerk entfacht, dann bekommen die verbleibenden schmalen Fleischstege ihr unvergleichliches Aroma.

In ihrer unendlichen Weisheit und zur Freude des fortgeschrittenen Grillmeisters hat die Schöpfung ein Ideechen Fett an den Bauch gepflanzt. Das sieht nicht immer schön aus, aber es ist lecker. Zudem schützt die weiche Schicht die dahinter angebrachten Organe. Und wärmt im Winter. Außerdem liegen die Kinder gern darauf. Und Mona auch. Glaube ich jedenfalls.

Die Anbieter von Lauf-Fashion haben sich viele Jahrzehnte an das ungeschriebene Gesetz gehalten, dass ein Bauch zwar da sein darf, aber nicht unbedingt zu sehen sein muss. Großzügig geschnittene Hemden in allen Farbtönen umspielten luftig jene Körpergegend, in denen sich gleich mehrere Problemzonen trafen: nicht nur der Bauch, sondern auch jener heikle Horizontalcanyon, den das

Laufhosenbündchen trotz aller Elastizität ins Hüftgewebe riss, dazu partiell behaarte Regionen, die vom Bauchnabel bis an die Knie reichten. Mit XL-Hemd und Overknee-Hose jedenfalls war man als Läufer, der weder die Paris-Hilton-Diät machte noch naturepiliert war, immer gut angezogen.

Die unbekleidete Wade repräsentierte gleichsam den Rest des Leibes, was in den meisten Fällen schmeichelhaft war und insofern dem läuferischen Selbstbewusstsein half. Wie alle Männer verfüge auch ich über ein prima Sixpack, das allerdings derzeit gerade mal vorübergehend schlecht zu sehen ist.

Für diese immer länger geratenden Lebensphasen habe ich weite Hemden. Bislang war luftige Bekleidung auch gesamtgesellschaftlich toleriert. Der Bauch wurde allenfalls unfreiwillig entblößt, von sehr umfänglichen Herren, die ein Zweimannzelt hätten tragen müssen, um ihre Schwarte vollständig zu bedecken. Das war nicht ansehnlich, hatte sich aber nach ein, zwei Laufjahren meist erledigt.

Seit diesem Sommer ist alles anders. Eine wachsende Gruppe von Ausdauersportlern meint, sich unbedingt an einen Teenietrend hängen zu müssen: Man trabt bauchfrei. Je nach Laufgegend hat sich bereits jeder zweite Freizeitathlet die Sporthose auf maximal niedrig gezupft und in das Hemd vom preisgünstigen XXS-Grabbeltisch gezwängt. Offenkundig finden sich die Freunde dieses textilen Notstands extrem schick.

Der entgegenkommende Läufer dagegen schnappt nach Luft, vor Entrüstung über so viel grundloses Selbstbewusstsein. Die wenigsten, die glauben, sie könnten sich bauchfrei präsentieren, sollten es auch wirklich tun. Entweder kommt eine grätig-grimmige Mittfünfzigerin des Weges, ein schnaufendes Nilpferd oder eine Walkerin beim dritten Ausgang ihres Lebens. Sie alle denken von sich, sie seien fast so muskelstramm und fettarm wie David Hasselhoff und Pam Anderson, als sie noch am Strand entlangwetzten. Die bittere Wahrheit ist: Es stimmt fast nie. Stattdessen hüpft und lappt das Bauchfleisch gut sichtbar vor sich hin. Der

unfreiwillige Beobachter weiß nicht, ob das Gefühl von Ekel oder Fremdschämen überwiegt. Aber Weggucken geht auch nicht.
Meinetwegen dürfen Mädchen zwischen 13 und 17 Jahren, die vor Unterzuckerung dreimal am Tag kollabieren, zwischen T-Shirt und Hüfthose einen 15 Zentimeter breiten Streifen Bauch spazieren tragen, bevor sie sich mit einer Nierenbeckenentzündung ins Bett legen. Warum aber müssen plötzlich auch mittelalte Flusspferde ihre Ranzen zeigen? Was da alles woppert und wabbelt und flappt, muss man beileibe nicht der ganzen Welt vorführen.
Zumal das Laufen die denkbar ungünstigste Gelegenheit zur Bauchshow ist. Steht man entspannt in Badehose am Strand, kann man sich auf die Körpermitte konzentrieren und den Bauch durch Atemkontrolle und konzentrierte Muskelkontraktionen unmerklich fast zum Verschwinden bringen, was sogar bei vorsichtigem Schreiten funktioniert, zumindest ein paar Atemzüge lang. Beim Laufen dagegen gibt es kein Halten. Die Schwerkraft katapultiert die weiche Masse rhythmisch auf und ab. Manchmal meint man, ein leichtes Klatschen zu hören, den Bauchwellenschlag. Höchste Zeit, dass der Winter wiederkommt.

# 28.
# ROCKY STATT REZEPTE

*Tim Mälzer, Jamie Oliver, Johann Lafer: Überall werden die Rezepte der Super-Trend-Fernsehköche nachgebrutzelt. Nix für Achim – der setzt noch auf wahre Helden. So wie Rocky Balboa. Der Mann ist Testosteron pur.*

Neulich verschärftes Mentaltraining. Habe meine Laufbücher aufgeräumt. Die geballte Literatur hatte das Wohnzimmerregal so großflächig erobert wie der Pilz den Läuferschuh. Mona drohte, meine Fachbibliothek dem Wertstoffkreislauf zuzuführen. Also Power-Ordning: Steffny neben Strunz neben Stuss. Schlechte Nachricht: Danach war ich zu müde zum Laufen. Gute Nachricht: Hinter all den Büchern eine alte Videokassette gefunden, staubig, klapprig, aber funktionstüchtig – so wie ich. Der Fund des Jahres: Es war »Rocky I«.
Die Geschichte eines besessen Trainierenden. Also meine Geschichte. Nur ohne Happy End. Herrlicher Plan. Samstagabend ein gutes Glas Magnesiumbrause, eine halbe Handvoll Bananenchips und zwanzigmal die Szene gucken, in der Rocky die Schweinehälften zu Hackfleisch haut, im Morgengrauen sprintet wie ein Tier und oben auf den Treppen gleich unter George Washington hüpft wie ein Flummi auf Koks. Hinterher bin ich immer total kaputt. Aber der Testosteronschub reicht, sich am Sonntagmorgen einen langen, also sagen wir, mittellangen Lauf anzutun.

»Wir sind Samstag zum Essen eingeladen«, verkündete Mona tags darauf. »Ich kann nicht«, murrte ich, »ich muss unsere Steuererklärung machen.« Mona stutzte. Zu Recht. Ich habe noch nie freiwillig für Peer Steinbrück oder einen seiner Vorgänger Belege sortiert. Ich will ja in Wirklichkeit auch Rocky gucken. »Sibylle kocht Tim Mälzer«, sagte Mona. »Hoffentlich rasiert sie ihn vorher«, scherzte ich. Mona sagte nichts. In ihrem Freundeskreis ist es seit Jahren schick, die Rezepte irgendwelcher Trendköche nachzubrutzeln. Leider liegt die Erfolgsquote konstant nahe null.

Doch kaum sind die Magenwände halbwegs verheilt, droht schon die nächste Einladung. Und immer und überall ist Zitronengras drin. Neulich bei Betti gab es Erbsenkartoffelpüree mit Zitronengras nach Jamie Oliver. Mit der Pampe hätte man auch einen undichten Auspuff flicken können. Zitronengras ist die Petersilie der Generation Carport. Große Erfolge habe ich immer mit der Geschichte, dass sich in Zitronengras die höchste je in Grünzeug gemessene Schadstoffkonzentration befände. Es ist lustig anzusehen, wenn alle gleichzeitig das Würgen kriegen. Mona schenkt dann immer Wein nach bei mir, damit ich baldmöglichst lalle. Klappt meistens. Aber mit dem Sonntagslauf hat es sich dann. Das sollte diesmal nicht passieren. Rocky, Magnesium, elf Stunden Schlaf und zwei Stunden Lauf – das war der unumstößliche Plan fürs Wochenende.

»Es wird das perfekte Sportler-Dinner«, juchzte Mona, »nur gesunde Sachen zu essen und gute Gespräche über Fitness. Mike und Thomas kommen auch.« Auweia. Mike war ein Leptosom mit einer offenbar taubstummen Frau und schlechtem Atem, der jeden Monat einen Marathon lief. Der dicke Thomas himmelte ihn an und ermunterte ihn zu immer neuen langweiligen Dauerlauferzählungen. Die Frauen tauschten währenddessen Wellness-Latein aus. Wann immer ich mir Wein nachschenkte, wurde ich von allen skeptisch angeguckt. Mike trank nur Wasser, Thomas zuckerschwere Bionade und die Damen Prosecco auf Eis, was ähnlich anregend wirkt wie hochverdünnte Apfelschorle. Ich wollte am Samstag nur Selbstgespräche, allenfalls einen stummen Dialog mit meinem Helden Sly. »Muss ich wirklich mit?«, fragte ich. Mona antwortete nicht mal. Kein Entkommen.

Die nächsten Nächte träumte ich von Selleriesticks, mit deren Blätterpuscheln sich Johann Lafer die Ohren gereinigt hatte, und Sibylle, die mir einen Eierbecher mit kalorienfreiem Dip entgegenstreckte und sagte: »Die Puschel kann man mitessen.« Kurz bevor ich das Bittere schmeckte, wachte ich auf und trauerte um mein Sportwochenende. Was Dr. Strunz für die Läufer, das ist Johann Lafer für die Kochszene: kunstlederbespanntes Plastikzahnlächeln, Rezepte von vorgestern, Merchandising als Lebensaufgabe und die Garantie, dass man hinterher nicht fitter ist. Ich werde Monas kulinarischen Gipfel boykottieren. Aber wo bekomme ich jetzt noch einen Noro-Virus her?

# 29.
# DINNER IM TRAININGS-ANZUG

*Streit im Hause Achilles: Das Ehepaar ist zum Dinner eingeladen. Während Mona ihren Achim in feinen Zwirn zwängen will, hat dieser ganz andere Pläne. Er möchte im Trainingsanzug antanzen. Der passt schließlich zu jeder Gelegenheit und signalisiert Dynamik.*

Der Läuferkörper ist ja ein sensibles Hochleistungsmessgerät. Nach exakt 72 Minuten und 14 Sekunden meldet er seinem Besitzer: Hunger! Durst! Schenkelschmerz! Keine Lust mehr! Dummerweise hatte Mona mich an diesem Samstagabend zu einem Läufer-Dinner zwangsverpflichtet.
Ich hätte lieber auf dem Sofa gelegen, Rocky I geguckt und die Klemmbrett-Karraß-Diät versucht. Immer wenn eine dieser Fressattacken kommt – und sie kommen dauernd –, dann empfiehlt unser Trainer grüne Bohnen aus dem Glas, in beliebiger Menge. Spätestens nach dem dritten Glas gibt der Hunger auf, der Magen weint und der Lauf am nächsten Morgen wird zum flotten Slalom durch das Unterholz, weil die Bohnen an die frische Luft drängen. Perfektes Gewichtsmanagement: Jeder dieser Video- und Bohnenabende bringt locker ein Pfund minus.
Stattdessen gab es vier Gänge, gleichbedeutend mit einem guten Kilo plus. Also musste ich mich um unmenschliche 33 Minuten über meine magische Lust- und Schmerzschwelle quälen. Per

Kalorienrechner hatte ich ermittelt, dass 105 Minuten Lauf um die 1600 Kalorien vernichten, also jene Menge, die ich an diesem Abend aufnehmen würde, sofern ich bei Wein, Käse und Dessert ausnahmsweise meiner angeborenen Zurückhaltung gehorchte.

Der Gedanke an die brutale Trainingsstrecke hatte mich für den Rest des Samstags ans Sofa gefesselt, nur unterbrochen von gelegentlichen Pirschgängen in die Küche. Wo früher mein Bauch war, klaffte ein gieriges schwarzes Loch, das unentwegt Fett und Zucker aufsog, ohne je gefüllt zu sein. Mitten in der »Sportschau« begann Mona zu quengeln. »Zieh dich endlich an, wir müssen gleich los.« Sie war seit Stunden damit beschäftigt, sich aufzurüsten. Ich nahm den Nutellalöffel aus dem Mund. »Wofür? Es ist doch ein Läufer-Dinner«, klagte ich. Läufer liegen modisch noch hinter Fußballern. In Berlin ist es ohnehin unmöglich, irgendwo underdressed einzulaufen. Mit einem Trainingsanzug ist man immer und überall richtig gekleidet.

Ich suchte gerade in der Sockenschublade nach dem am wenigsten grauen weißen Paar, als Mona zur Style-Patrouille kam. Sie kreischte leise, als sie mich sah. »Du willst doch nicht etwa so losgehen?« Vielleicht hatte sie Recht. Ich würde nicht die blaue Trainingshose, sondern doch die flotten schwarzen Dreiviertel-Tights anziehen, um meine sexy Waden angemessen zu präsentieren. »Zieh sofort den stinkenden Plastikmüll aus«, befahl meine Kaschmir-Frau. »Das Zeug ist teurer als dein Designerplunder«, sagte ich beleidigt. »Aber man sieht's nicht«, entgegnete Mona. »Ich kann ja künftig die Preisschilder dranlassen«, bot ich an.

Mona wühlte durch die Schränke und förderte Cordhose und Streifenhemd zutage. »Toll«, sagte ich, »jetzt brauche ich nur noch deine Wanderstöcke aus dem Keller, um mich zum Gespött zu machen.« Zäh handelte ich Mona Jeans und ein giftgrünes Finisher-T-Shirt vom ersten Hamburg-Cityman ab. »Ein textiles Stück Sportgeschichte«, erklärte ich und interpretierte Monas Schweigen als Zustimmung.

Was bringt man mit, wenn man bei Läufern zum Essen eingeladen ist? Eine Dose Basica? Oder eine Familienpackung Diclofenac? Ich entschied mich für Wein und den Kartentext: »Für die Extraportion roter Blutkörperchen.« Mona strich mein T-Shirt glatt, als wir klingelten. Sibylle öffnete und fiel meiner Frau um den Hals. Ich musste mich mit ein paar spitzen Fingern begnügen, die mir zum Händedruck hingehalten wurden.
Sibylle blickte auf mein Leibchen und schnupperte. »Ist gut gelüftet«, erklärte ich. Mike und Thomas waren schon da. Beide trugen Streifenhemd, Cordhose und einen Eimer Caipirinha in der Hand. Natürlich nahm ich auch einen. Das waren schon mal die ersten 300 Kalorien oder umgerechnet 20 Minuten Lauf. Mike malte mit dem Finger das Streckenprofil des Swiss Alpin Marathons in die Luft. »Na ja, 78 Kilometer halt«, sagte er lässig.
Thomas, der Mops, ließ sich zu einem unterwürfig bewundernden »Uiii« hinreißen. »Die dünne Luft hat zum Glück weniger Widerstand«, scherzte ich. Die beiden Spaßbremsen schwiegen. »Heute gibt's Sarah Wiener«, verkündete Sibylle. Erbarmen. Das war doch diese Tante aus Österreich, deren halbgare Fischteile nie jemand kosten mag bei Kerners Kochshow. Aber Wiesen von Zitronengras. Ich füllte die Weingläser. Mein Kalorienkonto war schon vor dem ersten Bissen schwer unter Druck.

# 30.
# EIN STACHEL NAMENS BRAD

*Achim steckt in der Zwickmühle: Sein Bauch flappt, die Klamotten sind zu eng und Mona redet ständig von Brad Pitt. Ein Blick auf die Waage zeigt: Achim lebt zu viel und läuft zu wenig. Das soll sich ändern.*

In letzter Zeit habe ich immer gewartet, bis Mona eingeschlafen war, bevor ich zu Bett ging. Oder bis sich meine Gattin beim Lesen zumindest so über den neuen Hacke gedreht hatte, dass ich mich in ihrem Rücken entkleiden konnte. So sehr ich den Bauch auch einziehe, er flappt immer noch, seit kurzem sogar ein Stück nach unten. Auffällig oft redet Mona von Brad Pitt. Als wir neulich einen uralten Film sahen, in dem der junge Brad eine Parkuhr spielte, schwärmte Mona, dass ich ja auch mal fast so ausgesehen hätte.
Wieso fast? Wieso auch mal? Im Prinzip wäre ich genauso knackig wie dieser Türstopper aus Hollywood, würde ich sein Lotterleben führen. Mit einem Film im Jahr, drei Kindermädchen, vier Personal Trainern und einer konditionsfördernden Gattin wie Angelina Jolie ist es ein Leichtes, gut auszusehen. Ich muss leider gelegentlich arbeiten und dort nicht ständig Bauch oder Bizeps vorzeigen. Das würde ich derzeit auch lieber nicht tun. Ich bin nur suboptimal in shape, wie man in Hollywood sagt. Es muss mit dem Klimawandel zu tun haben. Alle meine Hosen sind

gleichzeitig eingelaufen und die Gürtel dazu. Leider gibt es da noch eine Erklärung: Nicht die Klamotten haben ihren Umfang verändert, sondern ich.

Das Problem am Laufen ist: Eines Tages hat sich der Körper daran gewöhnt, dass man drei Mal die Woche mehr oder weniger explosiv durch die Gegend zockelt. Man wird kein Gewicht mehr los, aber packt die Pfunde sofort drauf, wenn man mal eine Trainingseinheit ausfallen lässt. Also praktisch jede Woche. Da ich dummerweise Genießer mit gelegentlichem Laufbedarf bin und nicht Läufer mit gelegentlichem Genussbedarf, ist meine Hüftgegend beharrlich angeschwollen.

Zwei Jahre lang hatte ich es vermieden, auf die Waage zu steigen. Warum auch? Wer gut läuft, kann auch gut essen und natürlich trinken. Bier liefert die nötigen Kohlenhydrate und Rotwein ist prima für den Eisenhaushalt. Ein Gleichgewicht zwischen Sport und Hedonismus hatte sich eingestellt, allerdings mit einem minimalen Übergewicht aufseiten der Lebensfreude: 100 Gramm pro Woche bedeuten zehn Kilogramm Wohlstandssediment, die sich in zwei Jahren auf den Hüften niederlassen.

Zugleich war auch unsere Ehe ins Ungleichgewicht geraten: Mona hatte sich mit ihrer blöden Aqua-Turnerei ein für ihr fortgeschrittenes Alter wirklich strammes Bindegewebe angestrampelt. Ich dagegen, im festen Bewusstsein, das Mucki-Monopol zu halten, war physio-ästhetisch ein wenig verlottert. Wenn der Bund der Laufhose durch das Bauchfleisch schneidet wie ein Gummiband durch einen Marshmallow und die Oberarme aussehen wie die traurigsten Hühnerteile Samstagnachmittag im Supermarkt, dann ist es nicht höchste Zeit, sondern eigentlich schon zu spät.

Zuerst aber musste die Faktenlage abgesichert werden. Vielleicht lag es ja doch am Klimawandel. Also habe ich eines Abends, als Mona mal wieder beim Aqua-Jogging zappelte, das brutalstmögliche Experiment gewagt. Erstmal war ich fast eine Stunde laufen. Ich hatte mir dabei extra drei Hemden übereinander gezogen und war noch schneller als ohnehin schon. Schwitzen ist ja nicht verboten, wenn man historische Schritte vor sich hat. Natürlich habe ich jede Flüssigkeitsaufnahme verweigert und war stattdessen drei Mal hinter einem Baum, wenn auch weitgehend erfolglos.

Im Badezimmer schließlich gab es kein Zurück mehr. Es musste sein. Ich hatte alle Salzkrümel abgeduscht und jedes Haar einzeln trockengeföhnt, um das Resultat nicht zu verfälschen. Tausend Wassertropfen ergeben locker ein Kilo. Dann endlich zog ich die Waage unter dem Badezimmerschrank hervor und fuhr mit dem zarten Fußgewölbe über das Glas, das den unbarmherzigen Zeiger vor Schlägen und Tritten schützt.

Wenn ich mich recht entsann, musste man sich auf die Zehenspitzen stellen, das Gewicht nach vorn verlagern und von schräg unten auf die Anzeige peilen. Das machte mindestens ein Pfund aus, was reine Notwehr ist, weil diese Dinger sowieso immer falsch anzeigen. Ich stieg nochmal ab und orientierte mich ein letztes Mal Richtung Klo. Jedes Gramm zählte.

Action. Ich legte den Bademantel ab und zerrte die Socken von den Füßen. Tief ausatmen. Zehenspitzenstand. Gewicht nach vorn. Flachpeilung. Ohnmacht. Der Zeiger war noch nicht zur Ruhe gekommen, hatte sich aber in einer Gegend eingependelt, die ich nur aus Abnehmfilmen von RTL kannte. Details wollte ich gar nicht wissen. Ich musste mein Leben ändern. Sofort. Mona grinste, als sie nach Hause kam und mich mit einem Apfel sah.

# 31.
# MEIN FEIND, DER SPIEGEL

*Kann man Oberschenkel botoxen? Taillen übersehen? Und Waagen aus dem Fenster werfen? Ein schonungsloser Blick auf den Läuferleib fördert garantiert die Depression.*

Morgens, wenn Mona Schulstullen für die Jungs sägt, ist der ideale Moment. Endlich ein paar Sekunden unbeobachtet, Augenblicke brutaler Zweisamkeit zwischen mir und meinem ärgsten Kritiker – dem Spiegel. Je nach morgendlicher Mentalform lege ich weite Unterwäsche an oder zumindest welche mit labberigem Bündchen. Straffe Gummis können zu einschneidenden Depressionen führen. Luftanhalten und Strammstehen zur Inspektion. Der Moment ungeschminkter Wahrheit. Morgens ist es vorteilhafter, weil seit dem finalen Griff in den Kühlschrank ungefähr sieben Stunden vergangen sind. Lauftraining hat ja diesen verzögerten Hungereffekt. Der Kohldampf kommt immer erst Stunden später, dafür hält er ewig an.

Der Prüfblick beginnt unten, aber nicht ganz unten. Läuferfüße sind selten ein ästhetischer Gewinn. Irgendein Zehennagel wellt sich immer aus seinem Bett oder hat am Wochenende Blutrache am Nachbarn verübt. Immerhin sieht man morgens nicht den Riffelrand, den die Socken in die Fesseln gefräst haben, sofern man abends das Kunststück vollbracht hat, sich trotz brennenden Muskelkaters von den Strümpfen zu befreien.

Oberhalb der Sockenlinie beginnt der triumphale Teil. Die Natur hat mich mit zart gebauten Knöcheln beschenkt und mit Zellulite-freien Waden, aber leider nicht mit sonderlich differenziertem Muskelspiel. Der einzige Vorteil an einem strammen Wadenkrampf ist ja, dass man dann endlich mal sieht, dass unter der Haut wirklich Muskeln versteckt sind.

Wenn ich mich auf die Zehen stelle, zeichnen sich immerhin einzelne Faserstränge ab. Monas High Heels sind zu klein, sonst könnte ich länger in dieser vorteilhaften Position verharren. Auf die Oberschenkel wirkt sich der Spitzentanz nicht aus. »Wie Lothar Matthäus«, sagte Mona vor Jahren mal beiläufig, und weil es mich getroffen hat, wiederholt sie es bis heute. Blöderweise hat sie Recht, zumal auch die Knie zu Bollerigkeit neigen.

Ich habe zudem ein Hautproblem. Insbesondere in kurzen Laufhosen mit straffem Gummi neigt der Bezug zur Doppellagigkeit. Kann man Oberschenkel botoxen? Oder mit Zitronensaft zusammenziehen? Statt Fettabsaugen sollten Schönheitschirurgen lieber Hautwegschneiden anbieten. Und mit dem Rest die Füße neu beziehen. Die Natur ist ungerecht. Seit Jahren laufe ich mit Herz und Sehne, aber meine Beine werden eher dicker. Mona dagegen hat trotz verbissener Sportabstinenz viel schönere, schlankere, geradere, festere Stelzen.

An mutigen Tagen riskiert mein Auge einen Blick in die Hüfte-Taillen-Region. Ich habe das Talent, dort so lange vorbeizugucken, bis ich mich gerade hingestellt, Luft geholt und die Bauchhaut, wovon es auch zu viel gibt, mit beiden Händen nach hinten unten gezogen habe. Wenn ich mich sehr schräg hinstelle, also so, dass die Morgensonne praktisch an meinem Nabel vorbeikitzelt, dann kann ich die Andeutung von einem Sixpack entdecken. Eigentlich ist es maximal ein Twopack. Und wenn ich die Haut wieder emporschnalzen lasse, dann nur noch ein Onepack. Egal, wenigstens keine Haare drauf.

Wir haben ein notorisches Pech mit nahezu allen Haushaltsgeräten. Dieser alte Spiegel zum Beispiel, den Mona mal auf einem

Flohmarkt erworben hat, »wegen des tollen Rahmens«, und den ich nach Hause schleppen durfte, der verzerrt garantiert, vor allem in der Oberschenkel- und Hüftgegend. Da macht er zu breit. Um die Schultern wiederum verschmälert er. Ähnlich verhält es sich mit unseren Personenwaagen. Wir erwischen immer die, die drei, vier Kilogramm zu viel anzeigen. Und Klamotten, bei denen garantiert die falschen Größenangaben auf den Etiketten stehen. Ich habe nie »XL« in Laufhosen gebraucht. Kann man so viel Pech haben?

Letztendlich geht es ja bei der Lauferei gar nicht ums Laufen, sondern um proaktives Gewichtsmanagement. Die 800 Kalorien, die man auf einer Trainingsrunde verliert, sind exakt jene, die man täglich zu viel zu sich nimmt. Das Problem ist: Mit dem Laufen könnte man locker aufhören, mit dem Essen aber nicht. Eine Woche geschwänzt, und schon wird der Morgen vorm Spiegel zur optischen Folter.

Während ich so vor mich hin leide, kommt Mona angeschlichen. »Mein Adonis«, säuselt das Vipern-Weib. »Willst du Rührei mit Speck zum Frühstück?« Blöde Frage, natürlich will ich. Und drei Brötchen mit Nutella. Schließlich war ich gestern laufen. Ein letzter Blick in den Spiegel. »Nein danke, Schatz«, sirre ich zurück, »mir reicht ein Apfel.« Was sie nicht weiß: Nachher beim Bäcker werde ich eine Palette Mettbrötchen klarmachen.

# 32.
# DER ELEFANTEN-
# VIBRATOR

*Die Verzweiflung ist groß. Mona nervt, der Bauch wird immer dicker. Achim geht aufs Ganze und sucht ein Etablissement auf, von dem er nie dachte, dass es so etwas überhaupt gibt. Die Power Plate ist ein Schock fürs Leben.*

Mal angenommen, es gäbe einen Sexshop für Elefanten. Dann hätte der Vibrator etwa die technischen Daten eines Presslufthammers. Stellt man sich jetzt ganz oben auf diesem Elefantenvibrator eine Löffelspitze Wackelpudding vor, bekommt man eine Ahnung, wie ich mich gerade fühle.
Ein Rüttelgerät namens »Power Plate« hat mir Hirn, Eingeweide und Muskelfleisch zu einem einzigen Brei vermengt. Das kleine Erdbeben für zwischendurch. Ich fühle mich wie der Wodka Martini von James Bond, gerührt und geschüttelt. Läufermatsche.
Es ist mein Antrittsbesuch in einem sehr geheimen Institut. Mein Laufpartner Klaus Heinrich hat es mir empfohlen, flüsternd, als ob an einem verregneten Herbstsonntagmorgen im Grunewald irgendwer mithören würde. »Fett weg«, raunte Klaus Heinrich, »ganz schnell, total effektiv, überall Muskeln.« Ich schnaufte skeptisch. Wer mit Mitte 40 an Wundermittel für Muskeln oder gegen Fett glaubt, der hat sein bisheriges Leben in einem U-Boot oder auf dem Mond zugebracht. Es gibt keine Abkürzung auf

dem Weg zum Traumkörper, das weiß nun jeder, der sich im lebenslangen Kampf gegen die Kilos verschleißt.
Aber vielleicht hatte Klaus Heinrich ja doch Recht. Und ich war der Einzige, der es wieder mal zu spät peilte. Schließlich schleppte ich ungefähr einen Kasten Bier (kleine Flaschen) an Gewicht zu viel mit mir herum. In jahrelangen Testreihen hatte ich bewiesen: Trotz Dauerwetzens kann man durchaus zunehmen, zugleich bleiben die oberen Regionen des Körpers praktisch muskelfrei. Den letzten Kick brachte der Gewichtsumrechner: Zehn Kilogramm weniger entsprachen einem Tempogewinn von elf Minuten auf zehn Kilometer und fast 25 Minuten beim Halbmarathon. Sagenhaft. Tempo ohne Training. Einfach nur Ballast abwerfen. Also weg mit der Bemme, jetzt, hier und sofort. Schließlich wollte ich nächstes Jahr wieder in der Kenia-Klasse laufen.
Zum Auftakt der »Operation Wampentod« beschloss ich einen unverbindlichen Testbesuch im Tempel des Waschbrettbauchs. Klaus Heinrich hatte merkwürdige Andeutungen gemacht. Man werde an Sauger angeschlossen, unter Strom gesetzt und durchgerüttelt. Und spätestens an Weihnachten würde Brad Pitt vor Neid in den Hudson River springen.
Es war etwas unangenehm, ein Bürohaus am Ku'damm zu betreten, an dessen Briefkasten großflächig für Botox, Sauerstoffduschen und sinistre Investmentfonds geworben wurde. Für Erstbetreter gibt's bestimmt noch ein Arschgeweih gratis. Ich fühlte mich wie vor der Peepshow. In dem Moment, da man den Türgriff in der Hand hat, gibt es überhaupt gar keine plausible Ausrede mehr, falls eine Freundin von Mona des Weges kommen sollte. In welche Kreise kann man sinken, wenn man seinem Bauchspeck den totalen Krieg erklärt hat?
Kurzer Kontrollblick links und rechts. Keine Zeugen. Mit gespielter Selbstverständlichkeit betrete ich das Gebäude, so als wäre ich der Servicemann für die Sauerstoffduschenwartung. Keiner im Aufzug. Schon mal gut. Sechster Stock. Keine Kunden. Auch gut. Später lerne ich: Leere gehört zum Konzept. In der ordinären

Muckibude regiert der Exhibitionist. Hier, in der kleinen Kurklinik, will man lieber nicht gesehen werden.
Ist ja auch entwürdigend, Menschen beim Durchgerütteltwerden zuzugucken. Peinlichkeiten pur. Erkan, mein persönlicher Betreuer, betrachtet skeptisch meinen Liegestütz. »Weiter runter«, befiehlt er, »Ellenbogen zusammen, mehr Spannung.« Ja, ja, ja. Ich bin Läufer und nicht Florian Hambüchen. Ich habe Angst. Gleich wird es wieder rütteln. Eine Minute lang. Und ich klebe mit den Unterarmen auf dem Elefantenvibrator. Ich kleiner Wackelpudding wehrlos oben drauf. Erkan tut so, als ob er nicht grinst. Dabei weiß ich genau, dass er sich innerlich kaputtlacht über meine 60 Sekunden Kampf gegen das Beben.
Die Probestunde dauert 20 Minuten. Ich bin platt wie nach 90 Minuten Tempotraining. »Je eine Zehnerkarte Power Plate und Bodytransformer«, schlägt Erkan vor, »Vakuumbehandlung für den Bauch brauchst du nicht. Du bist doch eigentlich super in Schuss.« Hmm. Was meint er mit »eigentlich«? Ich rechne. Der Preis für beide Zehnerkarten entspricht sämtlichen Weihnachtsgeschenken für die Familie. Aber die haben ja sowieso schon alles.
Ich werde Mona und den Kindern dieses Jahr einfach Liebe schenken. Und mir zwei Zehnerkarten. Mona wird mich töten. Egal. »Okay«, höre ich mich sagen. »Herzlich willkommen im Club«, sagt Erkan, »beim nächsten Mal wiegen wir dann.« Wiegen? Nie im Leben. Schon gar nicht vor Zeugen. Ich habe eine Waagenallergie. Ich will mein Geld zurück. »Keine Sorge«, beruhigt Erkan. Sorge ist gar kein Ausdruck. Es ist nackte Panik.

# 33.
# OPERATION WAMPENTOD

*Ein bisschen Fett am Körper, das lässt sich nicht leugnen. Doch müssen es gleich elf Kilogramm sein? Das ist selbst für unseren Laufgott zu viel. Zur Strafe geht's auf den Body Transformer.*

Seit Tagen futtere ich Monas Schlankheitspillen. Irgendein geheimnisvolles Wurzelpulver, das Buschmänner angeblich wochenlang ohne Nahrung durch den Dschungel laufen lässt. Wahrscheinlich diese fast nackigen Typen, die ein Horn statt Laufhose tragen. Warum hörte man nie, dass einer von denen mal einen Laufwettbewerb gewann? Egal. Wenn man genug von den Wurzelpulverpillen nimmt, ist einem so schlecht, dass man das Essen vergisst. Fast.
Sicherheitshalber bin ich drei Nächte nacheinander um neun ins Bett gegangen. Wer schläft, der frisst nicht. Wer allerdings um fünf Uhr morgens aufwacht, der schleicht als Erstes zum Kühlschrank. Aber morgens ist Essen viel kalorienärmer als abends. Ich bin vergangene Woche außerdem zweimal zwei Tage nacheinander laufen gewesen – absolutes Gift in der Regenerationsphase. Deswegen tut mir auch alles weh.
Beim Arzt wüsste ich nicht, was ich zuerst bejammern sollte: die Hüfte, das Knie, die andere Hüfte oder meine aktuelle Trend-Verletzung, die Ferse. Es ist ein schönes Gefühl, wenn mal eine neue

Gegend wehtut. Man erweitert sein Körpergefühl und fügt der Schmerzsammlung eine neue Variante hinzu. Jetzt also Hackenpein. Vor allem, wenn ich morgens aus dem Bett knarze. Der erste Kontakt mit unserem kalten Parkettboden zieht höllisch. Aber nach einer halben Stunde geht es. Dann übertönen Knie und Hüfte die Ferse.

Ich bin ein Wrack. Aber mental wie Rocky. Mein Kopf treibt mich an: Gewicht verlieren, Muskeln gewinnen, Ausdauer ausbauen. Die Sieger werden im Winter gemacht. Das nächste Sommermärchen hat begonnen, mein ganz persönliches.

Heute ist allerdings eher Tag der Grausamkeit. Erkan, mein persönlicher Bodycoach, wird mich auf die modernste Waage der Welt stellen. Keine Ausreden. Mikrosensible Stromstöße werden meinen Hochleistungskörper durchfahren und mit Millionen von gespeicherten Daten abgleichen. Bis aufs Milligramm genau erfahre ich alles, was ich noch nie genau wissen wollte: Körperfett, Wasser in den Beinen, Zahl der Gehirnzellen, Restlaufzeit der Leber. Ich habe Angst, denn ich bin flexible Waagen gewohnt, denen man mit kunstvollen Körperverbiegungen ein paar Pfunde abringen kann.

»Es hilft nichts, wenn wir uns was vormachen«, hatte Erkan gesagt. Quatsch. Es hilft sehr gut, dass ich mir und vor allem Mona vormache, ich sei fast ein Leistungssportler. Es hilft schon seit Jahren. Was ist die Alternative? Die Wahrheit? Niemals.

Erkan stand nicht am Tresen, als ich den Tempel betrat. Stattdessen lauerte Jeanette, eine drahtige Dame mittleren Alters. Jeannettes sind Mitte 30. Peggys etwas älter. Kathrins und Kirstins noch darüber. Kathleens deutlich drunter. Die meisten Trainerinnen hier stammen aus dem Osten der Republik. Alte Schule. In ihrer Freizeit hantieren sie bestimmt mit Reitgerten. »Wo ist Erkan?«, frage ich. »Der musste zum Arzt«, flötet Jeannette, »irgendwas mit der Hüfte. Vielleicht magst du ja mit mir trainieren?« Ich versuche, nichts Zweideutiges zu verstehen, und nicke unentschlossen. Vielleicht hatte die Gute nicht mitbekommen, dass heute Wiegen

auf dem Programm stand. Bis zum nächsten Mal könnte ich mir ein weiteres Pfund abhungern.
»Wir wiegen heute«, sagt Jeannette mit unerklärlicher Fröhlichkeit. Oh nein! Von einer fremden Frau gewogen werden, das ist demütigend. Hektisch überlegte ich, welches Unterhosenmodell ich heute trug. Wie bei der Musterung. Gefühlte Blitz-Impotenz. Ich huste. »Ich glaube, ich bin erkältet«, sage ich. »Macht nichts«, sagt Jeannette. Sie ist schlimmer als Mona. Es macht ihr Freude, mich zu quälen.
Wenig später halte ich zwei stählerne Griffe in der Hand und stehe auf einer Hochtechnologieplatte. Immerhin durfte ich die Socken anbehalten. Ich ziehe den Bauch ein, halte die Luft an und denke an einen Kolibri. »Schon fertig!«, sagt Jeannette. Sie lächelt. Ich rede mir jetzt einfach mal ein, dass sie schon schlimmere Fälle hatte. Sie zieht ein Diagramm aus dem Gerät. »Aha«, murmelt sie, »mmhmmh, ach ja, na klar.« Klingt nicht so schlecht. Getäuscht. »Bisschen viel Fett«, sagt sie, »gut elf Kilo.« Wie bitte? Fünf lasse ich mir gefallen, aber zweistellig?
Das muss ein Messfehler sein. Wenn ich elf Kilo verliere, bin ich weg. Dieses Diagramm muss vernichtet werden. Ich will es Jeannette aus der muskulösen Hand nehmen und aufessen. Habe eh gerade Hunger. Sie zieht es weg. »Das nehmen wir zu deinen Unterlagen«, sagt sie. Jetzt habe ich auch eine Akte. »Ab an den Body Transformer«, befiehlt sie. Na gut. Ich weiß zwar nicht, was passiert, aber ich bin nicht in der Position für Gegenwehr. Elf Kilo sind ein schwerwiegendes Argument.

# 34.
# KINDHEITSTRAUMA WEIDEZAUN

*Für die Menschheit ist die Elektrizität ein Segen. Nicht so für Achim. Der hatte lange Jahre mit einer schrecklichen Erinnerung zu kämpfen, wenn er an Strom und Spannung dachte. Erst jetzt legt sich die Abneigung – dank Muskeltuning und Fettabbau.*

800 Scheiben Salami oder 500 Schokoküsse oder acht Päckchen ekliger, fetter Schmierbutter sind futsch, insgesamt stolze zwei Kilogramm, heldenhaft von den Hüften geracker. Seit Monaten schleiche ich erstmals wieder auf Millimeter an Mona heran. Früher hat meine Frau immer mal wieder den Hüftspeckkontrollkniff angewendet. Aber sie will gerade nicht. Sie muss doch was merken.

»Fällt dir nichts auf?«, frage ich Sonntagmorgen nach einer scharfen Trainingseinheit, als mein elastisches Mikrofaserunterhemd über jenen Hohlraum spannt, wo früher eine Wampe war, jetzt aber nur noch ein klitzekleiner Restbauch. Sie guckt kurz und gelangweilt. »Warst du beim Frisör?«, fragt sie. Ich recke mich noch etwas mehr und gebe ihr sicherheitshalber einen Tipp: »Weiter unten.« Sie betrachtet meine zartgliedrigen Füße und die athletischen Fesseln. »Die Socken haben ganz schön tief eingeschnitten«, stellt sie fest. Vielen Dank für das Gespräch. Ich trolle mich ins Bad.

Seit fast drei Wochen absolviere ich ein brutalstmögliches Fitnessprogramm: dreimal Laufen, zweimal Muskelzucht, vor allem Bauch und Rücken, die missachtetsten Körperteile jedes Läufers, mal abgesehen vom Hirn. Ich liege voll im Plan: ein halbes Kilo pro Woche, gern auch mehr. Langsam fürchte ich mich vor jeder Bö. Sie könnte mich kilometerweit übers Land wehen.

Nur Mona merkt nicht, dass ich statt drei sogar schon vier Pfund abgeworfen und zugleich unglaubliche Mengen Muskeln aufgebaut habe, an Stellen, die bei Läufern sonst nur bindegewebsschlaff herumlappen. Die Gegend unter dem Bizeps zum Beispiel ist die natürliche Heimstatt des baumelnden Hautbeutels. Aber nicht bei Achilles. Die gnadenlosen Stromstöße vom Bodytransformer pusten auch die hinterletzte Körperregion noch zum Stahlberg auf. Mal sehen, ob mein Onepack tatsächlich noch zum Sixpack zu verwandeln ist. Wenn es einer schafft, dann ein Trainingshelfer namens Strom. Ein satter elektrischer Schlag bringt noch jede Muskelfaser auf Trab.

Mein Verhältnis zur Elektrizität war einige Jahrzehnte lang eher gespannt. Die agrarische Verwandtschaft vom Geestrücken zum Beispiel hatte mich vor knapp 40 Jahren tatsächlich zum Weidezaunspiel überredet. Der kleine Achilles kramte also seinen noch kleineren Achim aus der Lederhose mit den Hosenträgern und richtete ihn Richtung Weidezaun, so wie die Cousins es vormachten.

Leider merkte Stadtjunge Achim nicht, dass die geschätzten Herrn Verwandten nur so taten, als schlügen sie Wasser ab. Man hätte was ahnen können, denn am Tag vorher hatten sie ihn auf ein Pony gesetzt, das nach einem Gertenhieb aufs Hinterteil eine knappe Stunde über die Wiesen sprintete, aber leider ohne Klein-Achim zurückkehrte. Als ich nach dem Weidezaun-Pinkeln wieder zu mir kam, war mein Respekt vor Elektrizität jedenfalls ins Unermessliche gestiegen.

Insofern war mir etwas mulmig, als eine kompakte Ostkraft, ich glaube, sie hieß Kathleen, mir vor zwei Wochen an fast allen emp-

findlichen Körperteilen elektrische Impulsgeber montierte. Vorher hatte sie Bauch, Beine, Po und den Rest mit Sprühwasser noch leitfähiger gemacht. Ich sah aus wie ein Mondfahrer ohne Anzug. Mit acht Steckern in der Hand wurde ich zum Foltergerät geführt. Kathleen schloss mich an und drehte an Rädchen. »Merkste was?«, fragte sie. »Oyjoyjoy«, antwortete ich. Eine Kompanie Feuerameisen war soeben über meinen Bauch marschiert, dann fiel sie über Rücken, Beine, Arme her. Ich war verspannt.
»Kommt alle vier Sekunden«, lächelte Kathleen. »Oyjoyjoyjoy«, wimmerte ich. »Muskeln anspannen!«, befahl Kathleen. Vier Sekunden Ameisen, sechs Sekunden Ruhe, insgesamt 20 Minuten. Eine solche Behandlung soll zehn Besuche in der Muckibude ersetzen. Kein Wunder. Bei jedem Schlag sehe ich überall am Leib meine Muskeln unkontrolliert zucken. Ich schnupperte und bildete mir ein, ich würde angekokelt riechen.
»Spätestens beim vierten Mal siehste was«, hatte mein erster Trainer Erkan versprochen. »Garantiert.« Drei Mal hatte ich schon. Ich war ungeduldig. Meine ersten neuen Muskeln seit etwa einem Vierteljahrhundert würden sich alsbald zeigen. Letzte Nacht träumte ich davon, wie ich zu Hause mit der Zunge versuchte, in die Steckdosenlöcher zu gelangen, als zusätzliches Geheimtraining. Am Morgen rüffelte mich Mona. »Du hast im Schlaf dauernd ›Oyjoyjoy‹ gemacht«, sagte sie, »hast du schlecht geträumt?« Ich sagte lieber nichts. Frauen verstehen die Sprache der neuen Muskeln sowieso nicht.

## 35.
## MÄNNER UND IHRE MÖPSE

*Die Brust ist die Problemzone des Mannes: Aus Stahlplatten werden mit den Jahren wuchtigweiche Hügel, die sich unter dem Laufhemd nicht gerade vorteilhaft abzeichnen.*

Wo ist es denn gleich wieder? Irgendwo dahinter muss das Ding doch sein. Ich habe Dutzende von Laufbüchern aus dem Regal gerissen und wuchte die Stapel hin und her. »Na, ausnahmsweise mal Krafttraining?«, fragt Mona, die gerade vom Aqua-Training nach Hause kommt. »Brauchst du dringender«, entgegne ich kühn und präsentiere meinen nicht übermäßig großen, aber dafür stromgestählten Bizeps. Mona schweigt und guckt grimmig.
Volltreffer auf den weiblichen Körperschwachpunkt: Es ist ja weniger der wellige Schenkel, der die Damen quält, auch nicht die Brust, die der Schwerkraft folgt, sondern vor allem der hintere Oberarm, der ab dem 30. Lebensjahr unhaltbar in teigigen Lappen herabschlafft. Frauen haben ein Oberarmproblem, vor allem im Sommer, wenn da, wo früher mal muskelähnliches Gewebe halbwegs ansehnlich den Ausgang des ärmellosen Kleidchens verließ, nun formlose Wurstmasse aus dem geblümten Textil quillt.
Bei Männern liegt das Problemgewebe nur 20 Zentimeter Luftlinie entfernt: die Brust. Wo einst Stahlplatten prangten, wachsen

mit den Jahren wuchtigweiche Hügel. Muss an den Hormonen in der Kalbsleberwurst liegen. Vielleicht aber auch am einseitigen Getränkekonsum. Wenn Fußball regiert, kann man den Männermöpsen beim Wachsen zuschauen. Ein Kasten Bier entspricht knapp einer Körbchengröße. Während einer Fußball-WM schwillt die Heldenbrust von Paris Hilton über Sarah Connor bis auf Achim Anderson.

Die gute Nachricht: Diese Brustvergrößerung ist komplett risikolos, schmerzfrei und vergleichsweise kostenschonend zu haben. Die schlechte Nachricht: Ich will sie gar nicht. Es gibt viele ästhetische Tiefpunkte, welche die Läufergemeinde zu bieten hat: Wippende Bierbrüste unter sündhaft teurer Funktionsfaser gehören zu den abscheulichsten. Nicht jeder Wet-T-Shirt-Contest erzeugt auch erotische Fantasien.

Also suche ich nach diesem Buch, das ich mir zur WM 2006 gekauft habe. *Core* heißt es und stammt von Mark Verstegen. Das ist der Kerl, der unsere Kicker fit gemacht hat. Seinen Blick vom Cover werde ich nie vergessen. Kantige Kurzhaarfrisur, Zähne wie Kleinhanteln, Augen, die Angst machen. Typ Nahkampfausbilder, der noch vorm Frühstück das Blut unter den Fußnägeln hervorquellen sehen will. Ich hatte das Buch damals so schnell gekauft wie wieder vergessen.

Ist ja immer so. Jedes neue Buch verspricht die Abkürzung zu guter Form. Einmal Blättern genügt, um herauszufinden, dass es dann leider doch wieder was mit Mühe zu tun hat. Außerdem bin ich nun mal kein Gymnastiktyp. Und eine halbe Stunde am Tag kann ich sowieso nicht entbehren. Die Brustbeulen allerdings, die den Abstand zwischen mir und dem Badezimmerspiegel täglich verkürzen, erfordern umgehendes Handeln. Ich will wieder Kontur obenrum.

Also ein entschlossener Anlauf. Mit dem Rücken zur »Sportschau«, Ausfallschritt nach hinten, Waage halten, dann umdrehen, bis ich den Rand vom Spielfeld sehe. Die Brust spannt. Scheint zu helfen. Ich wanke. Kippe. Lande im Wohnzimmertisch in Monas

Blumenstrauß. Ich stopfe das Grünzeug in die Biomülltonne. Freue mich auf die Debatte.
Nächster Versuch: Hüftrolle. Auf dem Rücken liegen, Beine zur Seite kippen. So sehe ich den Fernseher aber nicht. Also Katzenbuckel machen. Durchdrücken nach unten, durchdrücken nach oben. Wirbel krachen, Brüste baumeln, die Lunge pfeift. Ich will Fußball gucken – also in jede Hand eine Flasche Bier und Hanteldrücken aus der Hocke. Mir wird schwindelig. Eindeutiges Zeichen von Dehydrierung. Ich fühle mich dramatisch unterhopft.
Praktisch von allein hat sich eine Flasche geöffnet. Ich nehme einen tiefen Belohnungsschluck und sinke ins Sofa. Der ganze Verstegen-Terror bringt nichts. Sieht man ja an unseren Jungs. Die bewegen sich wie Rudolf Scharping. Es ist immer noch der Kopf, der siegt.

# 36.
# ALS DIE SAURIER NOCH HERRSCHTEN

*Die Geschichte des Laufens von Mann und Frau ist eine Geschichte voller Missverständnisse: Früher haben die Mädchen in den Sportstunden am Rand gesessen und gekichert. Heute dürfen sie Marathon laufen. Dabei hat die Evolution eigentlich nur die Männer dafür vorgesehen.*

Früher, im Turnunterricht, gab es zwei Hassstunden, immer dann, wenn vor den Zeugnissen die Noten ermittelt werden sollten. Bei Herrn Schöner, der aufgrund seiner Teilnahme am Zweiten Weltkrieg ein Glasauge trug, mussten wir auf Zeit schwimmen. Lehrer Schöner verehrte das Sportsystem der DDR.
Wenn wir im verkeimten Lehrschwimmbad im Keller unserer Schule verzweifelt das Pilzwasser peitschten, hätte jeder anständige 68er-Lehrer unser Bemühen erkannt und anerkennend eine Zwei springen lassen. Schöner aber warf sein Auge nur auf den Sekundenzeiger. Man war froh, mit einer Vier davonzukommen. Die Mädchen saßen derweil barfuß auf der Bank am Rand, kicherten und freuten sich, dass ihre Frisur mal wieder unbeschadet blieb. Sie hatten ihre Tage, wie jede Woche.
Schlimmer war nur das Bodenturnen. Lehrer Böttger war ein drahtiger Gnom. Er trug eine Art Mikroslip als Turnhose, der seine pralle Anatomie haargenau nachzeichnete. Der Muskelzwerg genoss den Moment, wenn er uns vorführte, wie eine halb-

wegs gelungene Bodenkür aussehen sollte. Nur für den Triumph dieser zwei Minuten war er überhaupt Lehrer geworden.
Wir taumelten anschließend über die Matten und taten uns weh. Allein die Rolle vorwärts sah entfernt nach Bodenturnen aus. Der Rest nach Steptanz mit Diarrhö. Wieder saßen die Mädchen auf der Bank und kicherten. Wieder taktische Tage.
Seltsamerweise menstruierten alle Mädchen immer synchron, wenn wir Sport nach Noten vorführen mussten. Diese jugendlichen Erlebnisse prägten das spätere Sportverhalten der Geschlechter. Mädchen glauben bis heute fest daran, dass man sich mit einer Ausrede vor jedem Leistungsvergleich drücken kann. Jungs dagegen kämpfen, zwangsläufig.
Egal, an welchem Abend man zum Tempotraining ins Mommsenstadion kommt, egal, bei welcher Gruppe man lauscht, überall begrüßen die Frauen sich mit leidendem Blick; das Wetter, der Ärger im Büro, das Knie, der Magen, die neuen Schuhe, die Sockenfarbe – zu blöd kann keine vorauseilende Erklärung sein, warum den Damen ausgerechnet heute gar nicht nach Trainieren ist. Flehentliche Laserblicke zum Klemmbrett: Bitte, bitte nur ganz kurz, ganz wenig, ganz langsam.
In Wirklichkeit haben sie nur Angst um ihre Frisur. Oder davor, rot zu werden oder gar zu schwitzen. Frauen denken fast nie daran, in welcher Zeit sie ins Ziel kommen, sondern immer nur, in welcher ästhetischen Verfassung. Frauen haben ohnehin immer Angst, zum Beispiel, dass in den Beinen was wehtun könnte, wenn man etwas schneller läuft. Also laufen sie immer etwas langsamer, als sie könnten. Im Ziel nach dem vierten Lauf über 2000 Meter sind sie nie richtig fertig, manchmal grinsen sie erst verstohlen, so als hätten sie den Trainer überlistet, und setzen dann einen Blick auf, der sagt: Soll der Trainer doch froh sein, dass ich überhaupt laufe, und nicht meine Tage habe.
Kein Wunder, dass Männer und Frauen praktisch nicht zusammen laufen können. Entweder laufen Frauen zu langsam. Oder, schlimmer noch, sie laufen zu schnell. Beides ist demütigend für

Männer. Vor allem, wenn die Damen hinterher wieder klagen, warum es nicht so gut lief.

Die Jungs klagen auch, womöglich noch lauter. Aber sie jammern nicht. Oder nur selten. Jedenfalls meinen sie es nicht so. Ihr Programm ziehen sie verbissen durch. Muss ja. Man hatte schließlich nie das Erfolgserlebnis, dass die taktischen Tage einem das Training erspart haben.

Frauen, die laufen, sind definitiv anstrengender als Frauen, die nicht laufen. Ästhetisch sind sie auch nur selten ein Gewinn. Die Persönlichkeit einer Frau wird durch Laufklamotten praktisch nie positiv betont, aber oftmals negativ unterstrichen. Früher, als Männer noch die Wahrheit denken durften, hätten wir gesagt: Frauen dürfen höchstens ein paar Meter weit laufen, am besten in kurzem Rock und hohen Schuhen, um dann mit kleinen Seufzern der Erschöpfung halb bewusstlos in die Arme des Kavaliers zu sinken.

Bis vor drei Jahrzehnten war es Frauen verboten, Marathon zu laufen. Männersache. Wer ist denn früher dem Saurier hinterhergewetzt? Na also. Aber ausdauernd, wie sie sind, gaben sie erst Ruhe, als sie mitmachen durften. Warum gilt das Eva-Prinzip nicht auf der Tartanbahn? Mann läuft, Frau jubelt. Oder sie laufen im Frauenteil des Stadions. Sauna macht getrennt auch mehr Spaß. Die Geschlechter brauchen Freiräume, wo sie in aller Ruhe übereinander herziehen können.

# 37.
# ANSICHTEN EINES CHAUVI-SCHWEINS

*Wetter, Tinnitus, Trend-Allergie: Frauen wie Elfie finden immer einen Grund, warum es beim Laufen nicht läuft. Auf die Idee, dann einfach zu Hause zu bleiben, kommt sie natürlich nicht. Das wäre für die Laune wesentlich besser, urteilt Wunderläufer Achilles.*

Das Zusammenleben mit Mona fällt bisweilen in die Kategorie »bereutes Wohnen«. Denn meine Gattin gehört zu jener schwer erträglichen Sorte Frau, für die Männer grundsätzlich Verbrecher sind. Ich sei ein frauenfeindliches Chauvinisten-Schwein, sagt Mona zum Beispiel. Dabei bin ich nur ehrlich. Soll ich lügen und behaupten, ich freue mich, dass in meiner Laufgruppe auch Frauen mitmachen dürfen? Eine tückische Falle: Egal, ob ich lüge oder die Wahrheit sage – immer ist es falsch.

Kein Wunder, dass die Männer am Samstagmorgen schweigen, wenn Elfie wieder als Letzte zum Lauftreff heranschlurft. Elfie ist wie gebaut für Laufrekorde mit ihren konturlosen Kampfstampfern, die sie seit kurzem in schwarzen Kniestrümpfen versteckt. Sie trägt eine viel zu dicke Jacke in Durchfallfarbe und hat zwei Gurte mit Fläschchen über der Brust gekreuzt. Dazu schleppt sie noch einen Kängurubeutel mit Handy, Riesenschlüsselbund, Lippenpflege und Papiertaschentüchern mit. Fehlt nur noch der Sturzhelm, falls wir überraschend in einen Steinschlag kommen sollten.

Ihr Leidensblick reicht schon, um zu sehen: Die erste Tirade wartet auf Ausbruch. Ist es heute das Wetter, der Muskelkater, der Monatsschmerz oder gar eine neue Trend-Allergie? Elfie macht es spannend und stöhnt erstmal allgemein: »Uuoooaah, heute geht ja gar nichts.« Prima, denke ich, dann setz dich doch einfach wieder ins Auto und rausch ab, dumme Gans.
Aber der Mann hat ja zu schweigen gelernt. Also schauen wir Herren in die Gegend, prüfen den Sitz unserer Schnürsenkel oder stecken spontan die Köpfe zum Vieraugengespräch zusammen. Wer den Fehler macht und gen Himmel starrt, hat schon verloren. »Fängt gleich an zu regnen«, sagt Hobby-Meteorologin Elfie und knetet mit schmerzverzerrtem Gesicht ihren teigigen Oberschenkel.
Wetten, jetzt sagt sie gleich: Abduktoren. »Abduktoren«, sagt Elfie. »Nee, klar«, sagt Kurt, der Schleimer. »Wir sind doch auch bescheuert«, stellt Elfie wie jeden Samstagmorgen fest, »warum stehen wir eigentlich alle so früh auf?« Bestimmt nicht, um dir zu begegnen, alte Giftspritze, denke ich mir und sehne mich sogar nach Mona. Elfie schweigt für ein paar wohltuende Sekunden.
Klar, sie will gefragt werden, warum sie so erbärmlich leidend guckt. Aber keiner fragt. Elfie stöhnt lauter. Ich tue so, als hätte ich ein Hörproblem, bohre den kleinen Finger in mein linkes Ohr und begutachte die Fingerkuppe. Elfie-Abschreckung. War aber leider der Anlass zum medizinischen Smalltalk. »Tinnitus?«, fragt sie neugierig. »Hä?«, sage ich, als ob ich nicht richtig gehört hätte. »Kenn ick«, sagt Elfie, »hatte ich letztes Jahr. Wahrscheinlich vom Laufen.« Sollte eines Tages in der Zeitung stehen, dass eine Joggerin im Grunewald mit einer Axt im Schädel gefunden wurde, dann kann ich nicht unbedingt ausschließen, den Täter zu kennen.
Endlich. Klemmbrett-Karraß gibt das Kommando zum Start. Elfie ist zum Glück so kurzatmig, dass sie nicht viel quatscht. Wenn ich Bedarf nach Redeschwall habe, kann ich gleich zu Hause bleiben. Wir Männer rotten uns hinten zusammen. Wenn der Wind

günstig steht, können wir zumindest hin und wieder flüstern und kichern.

Der Lauftreff am Samstag zeichnet sich durch große Menschenfreundlichkeit aus: nichts Anstrengendes oder Schnelles, keine Überlänge, dafür Gymnastikpause. »Oooh nee«, stöhnt Elfie, »nicht stretchen.« Mein Blutdruck steigt. Kaum sind wir mit Stretchen fertig, wird sie jaulen: »Oooh nee, nicht wieder laufen.« Warum, fragt sich ein schlichtes Gemüt wie der deutsche Mann, warum kommt diese Person so ausdauernd wie kein anderer zum Lauftreff? Antwort: Sie genießt es, anderen den Nerv zu rauben.

Außerplanmäßig fordert Klemmbrett-Karraß heute noch ein paar lockere Steigerungen, seniorenfreundliche 50 Meter durch den schattigen Wald. »Können wir nicht in die Sonne?«, fragt Elfie. Alle Männer schweigen. »Ist ganz schön weit«, stellt Elfie fest. Alle Männerfäuste ballen sich. »Da liegen Steinchen auf dem Weg«, sagt Elfie. Tatsächlich. Ein Waldweg, auf dem Steinchen liegen. Unglaublich.

Ich bücke mich und fange an, Steinchen zu sammeln, einfach nur, um nicht zu explodieren. Elfie guckt mir interessiert zu und merkt immer noch nichts. »Du kriegst schmutzige Hände«, sagt sie. Ich wünsche mir nichts sehnlicher als den herben Duft einer Männergruppe.

# 38.
# ACHTUNG, SCHNUPFEN!

*Kleiner Nieser oder ein richtiger Schnupfen? Laufen oder lieber pausieren? Die falsche Entscheidung kann fatale Folgen haben. Achim hat jedoch die Lösung: Er wappnet sich mit mentalen Vitaminen und schwitzt die Viren einfach aus.*

»Pfnnü!« Ach du Schreck. Was war das? Ein Nieser? Klang fast so. Aber nur ein kleiner. Wahrscheinlich Hausstaub. Oder Trainingsallergie. Einmal niesen ist völlig okay, das bedeutet noch gar nichts. Routinereinigung der Flimmerhärchen in der Nase. Solange es bei dem einen Mal bleibt. Der Läufer, zumal wenn er sich im knallharten Wintertraining befindet, muss bei jedem Nieser entscheiden: Kündigt sich da eine ernste Erkältung an? Dann müsste man den Trainingsplan sofort missachten, Honigmilch hinabwürgen und Schonung einlegen. Lieber vier Tage nicht laufen, als den Schnief verschleppen und danach drei Wochen am Stock gehen.

Was aber ist, wenn es nur eine läppische Nasenreizung ist, die im aggressiven Klima der Großstadt praktisch täglich vorkommt? Soll ich wegen ein bisschen Kribbeln die gewissenhafte Erfüllung meines Trainingsplans gefährden? Wer läuft, der ist froh, wenn es nur kribbelt, und nicht hämmert, sägt, sticht oder dröhnt. Und ich bin sowieso schon so viele lange Läufe im Rückstand, die zusammen mehrere Marathons ergeben würden. Training also

schwänzen? Niemals in den Wochen der verschärften Übungseinheiten. Die Regel gilt: Quäle nie ein Bein zum Scherz.
Es kribbelt schon wieder in der Nase. Verdammt. Einmal Niesen ist kein Mal Niesen. Aber ein zweiter Nieser erhöht die Wahrscheinlichkeit einer Erkältung signifikant. Also darf ich eben einfach nicht niesen. Dann bin ich auch nicht erkältet. Wenn es unerträglich kribbelt, kann man die Nase auch mit Daumen und Zeigefinger zusammenpressen und so den Naseninhalt zusammenkleben, um das Vestibulum zu verstopfen, bis der Niesreiz aufgibt. Es ist ein ausdauernder Kampf. Erst wird die Nase blau, dann der ganze Schädel. Und der Niesreiz ist trotzdem noch da.
»Pfüüüt!« – leise, zartfeucht und langanhaltend pfeift es durch meine Finger.
Das war kein Nieser. Nur laut geatmet. Es darf einfach keiner gewesen sein. Denn zweimal Niesen ist kurz vor krank. Dreimal ist praktisch Tuberkulose. Und dann geht das Gezocke los: Soll man diese klitzekleine flüchtige Unpässlichkeit mit einem zackigen Training verjagen? Angeblich soll ja die erhöhte Körpertemperatur des Läufers die schwächeren Viren schon mal gleich erledigen. Was aber, wenn die Nieserei einen ausgewachsenen Infekt ankündigt? Dann kann jeder Schritt zu viel und vor allem zu schnell die ohnehin fragile Frühjahrsform ruinieren. Ich fühle meine Stirn. Heiß ist sie nicht, allenfalls von gesunder Wärme.
Ich starre die einsame Apfelsine im Obstkorb in der Küche an. Stärke mich, oh Schrumpel-Südfrucht, sende mir deine Energie. Ich ziehe das große Messer mit dem Wellenschliff aus der Schublade. Mir geht es schon viel besser. Einfach eine Orange anglotzen und schon strömen die Mentalvitamine. Und jetzt noch richtige dazu. Schnippschnapp, ist die Apfelsine in mundgerechte Viertel zerlegt. Wie bei Kilometer 35.
Der Saft tropft vom Kinn, als Mona in die Küche kommt. »Du klingst komisch«, hatte Mona schon gestern gesagt, »kriegst du eine Erkältung?« Ich hatte nur wortlos das Plastikröhrchen geschwenkt und gesagt: »Nur der Magnesiumstaub.« Jetzt fingerte

Mona in ihrem gigantischen Pillenkarton herum. »Hier, du Superläufer«, sagt sie und wirft mir eine silberne Packung hin, wie immer leider nur legal: Zink und Vitamin C. Nebenwirkungen? Keine, außer etwas Flugrost, wenn man im Regen läuft.
Eine Handvoll Wunderpillen später fühle ich mich stark, komplett vitaminisiert und metallmäßig aufgerüstet. Nie wieder werde ich niesen. Wenn nur dieses Kribbeln in der Nase nicht wäre. Es ist bestimmt psychosomatisch, eigentlich gar nicht da, sondern eingebildet. Ich werde jetzt laufen gehen, und zwar volle Pulle, mit maximaler Hitzeentwicklung. Entweder die Viren oder ich.

# 39.
## BAMMEL VOR DEM WEISSKITTEL

*Achim hat's erwischt: Der Wunderläufer wird von einer fiesen Erkältung geplagt. Selbst Tigerbalm, Hustensaft und Kamillenbad versagen. Zum Arzt will Achim aber nicht. Doch Ehefrau Mona ist gnadenlos.*

In der ersten Nacht konnte ich die Ursachen der merkwürdigen Geräusche noch verschleiern. Bei jedem Ausatmen trötete es aus meinen Lungen wie aus einem Dudelsack. Dazu kam ein unrhythmisches Röhren, das sich mit dem hohen Pfeifen zu einem zwölftonartigen Experimentalstück verband. Jeder Huster fühlte sich an, als stülpte sich mit diesem der letzte Lungenzipfel ans Licht. Mir war schlecht. »Eine allergische Reaktion«, keuchte ich morgens gegen drei Uhr zwischen zwei Hustenattacken.

Mona begriff sofort. Sie mag Notfalleinsätze. Frauen helfen gern. Dem bedingungslos Guten, das die Krankenschwester verströmt, kann auch der verwegenste Krieger nichts entgegensetzen. Bereitwillig schleppte meine Gattin ihr beträchtliches Arsenal an Anti-Allergika herbei, inklusive der homöopathischen Kügelchen, die ich für ähnlich wirksam hielt wie den Kreideabrieb einer Schultafel. Artig wie selten nahm ich trotzdem alles, was meine Chef-Schamanin mir hinhielt, mühte mich, leiser zu husten, und röchelte: »Schon viel besser, Schatz.«

Den Rest der Nacht verbrachte ich auf der Wohnzimmercouch, den Kopf in einen Haufen Sofakissen gepresst, um lautlos zu husten. »Birke«, sagte Mona am nächsten Morgen fachmännisch, »oder Haselnuss.« Ich nickte hustend.
Die Allergie an sich ist eine perfekte Läuferkrankheit. Man ist an nichts schuld, hilfloses Opfer einer entfesselten Natur. Allergien bestätigen die weibliche Urfantasie, dass das Leben immer bedrohlicher wird und im kleinsten Samenkorn das Schicksal der Menschheit schlummert. Männer sind da ganz anders. Alles, was kleiner ist als ein Kasten Bier, existiert praktisch nicht. Dass Unsichtbares wie Pollen einen durchtrainierten Spitzenläufer, der dem Nikotin praktisch fast ganz abgeschworen hat, husten lassen soll wie einen Teerkutscher, das entzieht sich dem maskulinen Sinngefühl.
In der zweiten Nacht schöpfte Mona Verdacht. Ich hatte abends alle Hustensaftreste der Kinder aus den vergangenen Wintern heruntergewürgt, ein Viertelpfund Tigerbalm auf Brust, Kopfkissen und Oberlippe verteilt und vorm Schlafengehen sogar noch ein Kamillendampfbad ertragen, was bei etwa 35 Grad im Schatten kein Spaß ist.
Mona guckte skeptisch. So viel Gesundheit gönnte sich ihr Gatte nicht mal bei einer Ebola-Infektion. Zumal die Dröhnung nicht mal geholfen hatte. Bei der zweiten Hustenattacke kam Karl in unser Schlafzimmer und fragte nach Ohrenstöpseln. Eine halbe Stunde später hatten alle drei Nachbarn, deren Wohnungen an unsere grenzten, per Besenstiel, Fausttrommeln oder Anruf wissen lassen, dass ihr Mitleidsvorrat für mich nun leider aufgebraucht sei.
»Du gehst morgen früh zum Arzt«, befahl Mona durch die Dunkelheit. Ich musste überlegen. Arzt? Arzt! Das Wort hatte ich schon mal irgendwo gehört. »Morgen um halb neun hast du einen Termin«, sagte Mona. Oh nein. Meinte sie etwa einen dieser Weißkittel, bei denen man sich nie auf die Diagnose verlassen konnte, dafür aber auf drei Dinge umso sicherer: Erstens war man nicht

gesünder hinterher, dafür aber zweitens ärmer und drittens um ein Laufverbot nicht unter zwei Wochen reicher.
Ich strampelte abwehrend mit den Beinen, weil sich meine Lungen schon wieder umstülpten. Konnte man sich Bronchien nicht botoxen lassen? Ich würde alles tun, wenn mir nur ein Arztbesuch erspart bliebe. Doch Mona war gnadenlos. Sie wollte mich sogar zu ihrem fischhändigen Homöo-Kasper schicken, der Sportler grundsätzlich für Psychokrüppel hielt, die ihre Kindheit nicht ordentlich verarbeitet hatten. Er würde mir eine indianische Schwitzhütte verordnen, dazu Hypnose und einen Ingwereinlauf. Ich hatte Angst.
»Bitte den Afghanen«, flehte ich. Mona ließ sich erweichen. Aman war ein praktisch gesinnter Doktor, angenehm unesoterisch, der Verständnis für alle Abgründe der menschlichen Seele hatte, selbst fürs Laufen. Er würde mir eine Handvoll Hammerpillen verabreichen, und drei Tage später liefe ich Bestzeit.
Eine neuerliche Hustenattacke reduzierte meinen Optimismus. Gibt es überhaupt irgendeinen anhaltenden ekligen Husten, bei dem ein Arzt sagt: »Das klingt völlig harmlos, Herr Achilles. Der verschwindet von ganz alleine. Damit können Sie locker weiterlaufen.« Wohl eher nicht. Eine Attacke auf meine Form begann. Und ich konnte nichts dagegen machen.

# 40.
# RAPPELN IM RECHTEN LAPPEN

*Achim hustet immer noch. Und noch immer hat er Angst vorm Arzt. Aber Mona kennt keine Gnade, der behandelnde Mediziner auch nicht. »Drei Wochen Sportverbot«, lautet dessen Vorgabe. Klar, dass unser Wunderläufer alles versucht, doch auf die Piste zu kommen.*

Wer läuft, ist zu strahlender Gesundheit verdammt, zu makellos-muskulöser Silhouette und überdurchschnittlicher Leistungsfähigkeit in allen Lebenslagen. Würde man vom Laufen nicht gesund, schön und stark, gäbe es ja keinen Grund, mehrmals die Woche durch die Naherholungsgebiete zu hecheln. Nur unsere weithin sichtbare körperliche Perfektion lässt Laufkritiker verstummen, Ehefrauen oder Walker oder walkende Ehefrauen zum Beispiel.
Seit mich dieser unerklärliche Husten quält, ist alle physische Überlegenheit leider dahin. »Früher hast du nie gehustet«, sagt Mona. »Früher«, das ist für Laufpartner die Chiffre für jene märchenhafte Zeit, als am Wochenende noch ausgeschlafen wurde, Vati sich um die Kinder kümmerte und nächtliches Hecheln noch positiv besetzt war.
Meine Frau hat mir einen Expresstermin beim Arzt gemacht, an diesem Morgen. »Du kannst den Termin absagen«, rufe ich aus dem Badezimmer, »der Husten ist praktisch weg.« Ich ersticke fast, weil ich mir ein Handtuch vor den Mund presse, damit

Mona mein Würgen nicht hört. »In 20 Minuten bist du dran«, erwidert meine Gattin ungerührt.

Dummerweise befällt mich ausgerechnet beim Betreten der Arztpraxis eine grausame Hustenattacke. Die Sprechstundenhilfe duckt sich hinter dem Tresen und weist mir mit dem Kuli ein Zimmerchen zu, das nicht das Wartezimmer ist. Die Quarantänestation. Offensichtlich stehe ich unter Tuberkuloseverdacht. Oder die anderen Patienten sollen nicht verschreckt werden.

Aman, unser afghanischer Hausarzt, wird mir ein paar Rachenputzer Marke Kandahar verschreiben, und übermorgen laufe ich wieder. Vielleicht verschreibt er mir sogar ein Asthmaspray, mit der Extraportion Speed. An mir liegt es jedenfalls nicht, dass unser Gesundheitssystem unfinanzierbar ist. Ich brauche keinen Arzt. Ich sitze nur um des häuslichen Friedens hier.

Aman stürmt herein. »Na, Superman«, begrüßt er mich angemessen: »Was gibt's?« Ich huste eine Antwort. »Oh, oh«, sagt er. Was kann das bedeuten? Ist es ein entwarnendes »Oh, oh«? Oder eher ein besorgtes? »Frei machen!«, befiehlt er. Der kalte Stahl des Stethoskops fährt über meinen Astralleib und lauscht meiner Athletenlunge. Wieder ein »Oh, oh«. Nein, ich mache mir keine Sorgen.

»Einmal husten!«, ordnet der Medizinmann an. Nichts leichter als das. Nur aufhören ist fast unmöglich. »Oh, oh«, sagt der Medizinmann, »das klingt aber gar nicht gut. Da ist ein Rappeln im rechten Lappen, das macht mir Sorgen.« Ohne meine akribisch vorbereiteten Erklärungsmodelle abzuwarten (Psychosomatik, Pollen oder Frauenhaarallergie), kommandiert Aman: »Sofort zum Röntgen.«

In der Röntgenpraxis spult sich mein Läuferleben als Zehn-Sekunden-Film vor meinem inneren Auge ab. Die wenigen Triumphe. Die zahlreichen Niederlagen. Einsame Stunden im Wald. Fröhliches Frösteln in durchgeschwitzten Klamotten. Würde ich jemals wieder vor der Wahl stehen, ob ich mit einer popeligen Erkältung nun trainieren sollte oder nicht?

»Oh, oh«, sagt Aman erneut, als er die Röntgenbilder sieht. Ich huste fragend. »Beginnende Lungenentzündung«, sagt der Arzt, verordnet umgehend Antibiotika in Elefantendosis und Sportverbot für mindestens drei Wochen. Im Hochsommer. Ich rufe Fernando an, in der Hoffnung, dass er das Urteil seines Kollegen korrigiert. Tut er auch. »Besser vier Wochen Pause.« Ich bin Opfer einer Medizinerverschwörung.

Mona trägt exakt den triumphierenden Blick, den ich erwartet hatte. »Immerhin habe ich uns den Urlaub gerettet«, sagt sie. Hat sie eben nicht, sie hat die Ferien versaut. Sie weiß es nur nicht. Da habe ich die Sippe nun unter Aufbietung aller Tricks vom Strand in die Berge gelockt, um mir ein hämoglobinreiches Höhentrainingslager zu erschleichen – und darf nun nicht mal walken. Es ist zum Verzweifeln.

»Wenigstens fünf Kilometer am Tag«, flehe ich Fernando bei einem verzweifelten Bettelanruf an. Er verneint. »Drei?«, feilsche ich. »Wenn du dich umbringen willst, meinetwegen«, sagt er schließlich. Ich würge eine dieser Antibiotika-Torpedos hinunter. Mir ist schlecht. Was soll ich auf einem Bergbauernhof, wenn ich nicht laufen darf? Schmerzerfüllt jodeln?

Ich werde Mona mit den Kindern allein nach Tirol schicken und mich ins Krankenhaus einweisen lassen. Dort kann ich wenigstens heimlich im Treppenhaus trainieren.

# 41.
# BLUTDOPING IM KUHSTALL

*Diese verdammte Lungenentzündung: Achims geschickt eingefädeltes Trainingslager in den Bergen entwickelt sich wegen des Sportverbots zum Familienurlaub. Aber Achilles hat eine Methode gefunden, wie er trotzdem etwas für die Kondition tun kann.*

Spätestens seit der Tour de France hat auch der letzte Freizeitsportler kapiert: Wer wirklich was leisten will, braucht nicht nur Magnesium und Tempotraining, sondern vor allem rote Blutkörperchen, viele kleine Sauerstoff-Sherpas, die den sauren Muskel in Notzeiten noch ordentlich versorgen.
Wenn wir Hobbyläufer uns mit etwas auskennen, dann mit Notzeiten. Ich bin eine Trümmerfrau des Laufsports; mein Athletenleben ist eine einzige Notzeit. Wenn ich nicht gerade an Trainingsrückstand leide, bin ich verletzt oder krank, so wie jetzt gerade. Laienhafte Versuche, rote Blutkörperchen mit kontinuierlichen Rotweininfusionen zu vermehren, waren unterhaltsam, brachten aber keinen dauerhaften Erfolg. Die durch Eisenpillen hervorgerufene Verstopfung ist nur mit schwerem Magnesium-Geschütz zu sprengen.
Illegales ist uns edlen Hobbyläufern natürlich zuwider, deshalb fragt man beim Doc allenfalls beiläufig und total scherzhaft, ob er nicht ein paar herrenlose Ampullen Epo irgendwo herumlie-

gen hat, die man uneigennützig in Obhut nehmen würde, damit sie nicht in falsche Hände kommen, bevor sie schlecht werden. Insgeheim hofft man auf eine Antwort, die etwa lautet: »Klar, hier, habe zufällig eine Monatsration übrig, viel Spaß damit!« Hat aber noch nie geklappt.

Die zweite Saisonhälfte droht also ähnlich niederschmetternd zu werden wie die erste. Allein der sommerliche Familienurlaub böte die Chance zu geringfügiger Leistungsverbesserung, wenn da nicht diese verdammte Lungenentzündung wäre, die sich aus einer beharrlich verschleppten Bronchitis entwickelt hat. »In deinem Alter muss man aufpassen«, hatte Mona in der ihr eigenen fürsorglichen Gehässigkeit gesagt. Statt einer Antwort entwichen mir nur hässliche Geräusche. Wenn ich nicht gerade meine hintersten Eingeweide aushustete, brauchte ich Ohrenstöpsel, um vom Rasseln in meinen Atemwegen keinen Gehörschaden davonzutragen.

Alle Versuche, meine Lunge fit zu reden, waren gescheitert. Ich war wieder mal am Ende. Gesundheit im Eimer, Form im Eimer, Laune im Eimer. Dabei hatte ich alles diplomatische Geschick aufgewendet, um mir dieses Jahr wenigstens das Epo des kleinen Mannes zu verabreichen: einen Urlaub in den Bergen, ein geheimes Höhentrainingslager, von dem Mona natürlich nichts ahnte.

Meine bezaubernde Gattin betrachtete die drei Wochen in Südtirol als Familienurlaub, ich wollte dagegen mein Blut tunen. Nun hatte ich den Salat. Eine verschwörerische Ärztebande hatte mir die kleine tägliche Flucht auf Laufschuhen oder Rennrad versagt. So musste ich nun tatsächlich 24 Stunden am Tag den großstädtischen Agrardepp geben, der sich von besserwisserischen Bälgern zurechtweisen lassen darf, dass Ponys keinen Kaffee mögen, den man dem Tier spaßeshalber morgens um kurz nach sechs hingehalten hatte, als sich Bauer, Metropolenkinder und zerknitterte Erziehungsberechtigte im Stall getroffen hatten.

Die gute Nachricht: Unser Quartier liegt auf 1000 Metern Höhe, ideal für legale Hämoglobinmast. Die schlechte: Meine misstrauische Frau überwacht akribisch, ob ich auch tatsächlich keinen Sport treibe. Neulich beim Wandern musste sie in die Büsche, weshalb ich ihr ausbüxen konnte. Ich habe es auf knapp 200 Meter Stechschritt bei etwa zwölf Prozent Steigung gebracht und war völlig am Ende, etwa so wie am Tag zuvor nach 37 Metern mattem Kraul. Lag es an der Höhe, meiner kaputten Lunge oder meinem katastrophalen Trainingszustand? Morgen werde ich mit dem Rennrad die Hofeinfahrt einmal hin- und zurückfahren. Eigentlich wollte ich mit meiner Hightech-Karre die lederbehosten Einheimischen beeindrucken. Stattdessen fragen sie mich, warum denn die tolle Rennmaschine schon seit zehn Tagen unbenutzt im Schuppen stehe.

Wenn der Auswurf keinerlei Höllenfärbung mehr habe, sondern klar sei, könne man wieder an Training denken, sagen die Experten. Die letzten Proben sahen schon ganz gut aus. Die Mengen werden auch geringer. In unserer letzten Ferienwoche werde ich wieder angreifen. Bis dahin hoffe ich, dass es der Produktion roter Blutkörperchen dient, wenn ich morgens im Kuhstall so lange wie irgend möglich die Luft anhalte.

# 42.
# HILFE! ALPEN VON WALKERN VERSEUCHT!

*Das Sportverbot macht Achim immer noch schwer zu schaffen. Zu allem Überfluss tummeln sich gerade in den Alpen massig Walker, die er zu gerne hinter sich lassen würde. Der einzige Trost sind soziologische Studien: Welche Urlaubsnation bewegt sich am dämlichsten den Berg hinauf?*

Im Urlaub sind Ehefrauen noch tückischer als ohnehin schon. »Naaa«, sagt Mona mit scheinheiligem Bedauern jedes Mal, wenn wir an einem Rennradfahrer vorbeifahren, »naaa, das ist aber schade, dass du nicht auch auf dem Rad sitzen kannst.« Wehmütiger Blick in den Rückspiegel. Mit Gattin und zwei Quengelbengeln im Auto statt heldenhaft im Sattel. Ich leide. Die Lungenentzündung verbietet mir jede Anstrengung. Ich fühle mich wie all jene dämlichen Walker, die inzwischen auch diesen Landstrich verseucht haben.
Es gibt keine Wanderer mehr in den Alpen, sondern nur noch Walker. Jahrmillionen hat es gedauert, bis es der Mensch vom Kriechgang zum aufrechten Zweibeinlauf ohne fremde Hilfe geschafft hat. Jetzt bewegt man sich wieder langsam und auf allen vieren. Evolution rückwärts.
Jedes verfettete Playstation-Kind trägt einen Stock in der Hand und Entschlossenheit im Blick, und wenn es vom Parkplatz zur Seilbahnstation trottet, wo das nächste Eis wartet. Dicki hat von

seinen massigen Eltern gelernt: Wenn du schon zu moppelig bist für Sport, dann versuche wenigstens, angestrengt auszusehen. Ganz Europa trägt zwischen Brixen, Meran und Bozen Stöckchen spazieren. Gerade hier, im Epizentrum breithüftiger Bewegungsarmut, wäre es wichtig, ein Zeichen kraftvollen Ausdauersports zu setzen und locker an den Deppen vorbeizutraben. Aber die Ärzte haben es mir verboten. Mir bleiben nur eurosoziologische Feldstudien, welche Urlaubernation sich am dämlichsten am Berg bewegt.

**Der Holländer**
Fährt gleich nach dem Brenner von der Autobahn und parkt seinen Wohnwagen im ersten Feldweg. Walkt dreimal am Tag mit dem Hund um sein Anwesen und drei weitere Male zur Kontrolle. Walking-Stöcke kennt er nicht. Die besonders Mutigen wagen sich bis zum Parkplatz der Seilbahn, fahren bergauf und marschieren in Sandalen und Rabobank-Hemd zehn Minuten zur nächsten Hütte. Geben sich dort in der Mittagssonne zwei Bier, schweigen ausdauernd ihre Frau an und fahren knallrot wieder zu Tal. Erzählen daheim, sie seien im Hochgebirge gewesen. Vollwertiger Engländer-Ersatz.

**Der Deutsche (Ost)**
Im Bewusstsein, zum zähren Teil Teutoniens zu gehören, marschiert der Ossi schon morgens um sechs auf den Berg. Picknickt nie auf Hütten, sondern verzehrt die mitgebrachte Brotzeit immer vorwurfsvoll daneben, auch als Absage an Konsumgesellschaft und Globalisierung. Versteht sich wie der Südtiroler auch als Bürger eines Deutschlands, das es nur in der Fantasie gibt. Trägt Tiroler Tracht mit Kniestrümpfen, Pionierhalstuch und Karohemd, verehrt Florian Silbereisen, die Kastelruther Spatzen und Carmen Nebel. Weil der selbst geschnitzte Wanderstock voll mit Abzeichen ist, hat er diesen Sommer einen einsamen Walking-Stock angeschafft, an dem er während der Rast die Dynamo-Dresden-Fahne hissen kann.

### Der Deutsche (West)

Übergewichtiger Ausrüstungsfetischist. Hat für die ganze dicke Familie Einheitsklamotten mit Wolfspfoten-Emblem angeschafft, deren Hässlichkeit nur von ihrer mangelnden Passform getoppt wird. Aus dem Kofferraum werden die Stöcke ausgegeben, aber nur zwei für jeden. Mutti, von XXL-Stretch zusammengehalten, trägt die ganz modernen Prügel mit Stoßdämpfern, wegen der Gelenkschonung. Kevin und Samantha versuchen, gleichzeitig Stöcke und Playstation zu befördern und mit dem Code aus dem Coladeckel einen neuen Gratis-Klingelton zu laden. Vati trägt den 40-Kilo-Rucksack, woran mehrere Paar Wechsel- und Reservestöcke befestigt sind. Erste Rast an der Bergstation der Seilbahn, zweite Rast am ersten Wegweiser, dann Umkehr und dritte Rast wieder an der Seilbahn. In einer Stunde etwa eine Kalorienmenge aufgenommen, mit der ein westafrikanisches Dorf ein Jahr lang versorgt wäre.

### Der Italiener

Am späten Nachmittag, wenn die Deutschen entkräftet das Heil im Speckknödel suchen, zeigt sich auch die italienische Familie an der frischen Luft, aber nur auf Sonnenterrassen mit direktem Sesselliftzugang. Papa trägt Eispickel und Atemgerät, Mutti bunte, aber nutzlose Bergschuhe zum Oberarmtattoo, die Tochter einen drei Kilogramm schweren Gürtel von Dolce & Gabbana mit allerlei Klimperkram daran – und alle schauen durch großflächige Schmeißfliegen-Sonnenbrillen. Alle smsen wortlos. Keine Stöcke, weil Gucci noch keine produziert. Kommt ein Rettungshubschrauber in Sicht, lassen sie sich synchron fallen und täuschen einen Infarkt vor.

### Einheimische

Gelangen in Flip-Flops oder auf Rädern ohne Gangschaltung an Orte, die Touristen nur mit tonnenschwerer Ausrüstung erreichen, werfen einen Blick in die Runde und streben zurück ins Tal zum Melken. Schätzen Walking-Stöcke als Zaunpfähle für die Elektrozäune auf der Alm.

# 43.
# DER KLANG DES EIWEISS-DOPINGS

*Der treusorgenden Gattin sei Dank: Achim Achilles wird künftig noch stärker, schneller und ausdauernder daherkommen. Denn er konsumiert Massen an Eiweiß, zu seinem Bedauern jedoch in Pulver- statt in Steakform – ein Fest der Sinne.*

Eine knappe Stunde Tempohärte trainiert. Alles brennt. Doch Stolz ist stärker. Muskeln schreien nach Protein. Fasern zucken vor Wachstumshunger. Jetzt ist der Moment, Eiweiß in den Läuferleib zu füllen, unmittelbar nach der Belastung. Achilles stählt die Muckis mit der Siegerkombination: Erst durch Hammertraining Löcher in die Beine reißen und dann mit Power-Eiweiß wieder stopfen. Ich stelle mir das wie eine Art Muskelaustausch vor: Der ganze alte Zell- und Faserkram kommt weg und dafür wird neuer Stahl in alte Schenkelhautsäcke gefüllt. Hart statt Quark.

Aber Eile ist gefragt: Der Muskelaufbau durch Eiweißmast klappt nur 30 Minuten nach der Belastung. Natürlich könnte ich eine Flasche mit Eiweißdrink im Auto bunkern. Aber der Schleim neigt zum Klumpen. Ist der Eiweißbrocken aber größer als ein Stück Würfelzucker, baut ihn auch der stärkste Muskel nicht mehr ein. Also nach Hause rasen. Aus dem Weg, elende Radfahrer, Rentner, Nervensägen, Muskelverhinderer. Jede Sekunde zählt. Sagt Mona. Und die muss es wissen.

Meine Bessergattin kam vor einem halben Jahr auf den Eiweißtrip. Sie hatte wieder mal ein Ernährungsbuch gelesen. Frauen kaufen entweder neue Schuhe, sitzen beim Friseur oder hecheln Diättrends hinterher. In unseren Küchenschränken türmen sich Pulver, Pillen und eingetrocknete Pampen – Zeugnisse von zehn Jahren Essterror. Jedes Mal wieder neue Hoffnung, wie beim Hütchenspiel: Diesmal klappt es bestimmt.

»Eiweiß«, befahl Mona eines Tages. Prima, dachte ich. Spiegelei kann man nie genug essen, am besten mit einem türblattgroßen Steak darunter. »Verboten«, erklärte Mona und verordnete pflanzliches Eiweiß aus der Apotheke. Mist: staubiges Pulver statt saftiger Steaks, zum Frühstück, zwischendurch, auf jeden Fall immer nach dem Training. Jeden Morgen hoffe ich, dass meine Oberschenkel endlich die Jeans sprengen. Es ist kurz davor. Noch zwei, drei Tonnen Sojaprotein und das Hosenbein legt sich freiwillig in den Altkleidersack.

Die Theorie ist ja auch überzeugend: Wer Kohlenhydrate in den Körper füllt, der liefert nur Treibstoff. Aber kein Trabi wird schneller, nur weil man ihn pausenlos betankt. Der Motor muss vergrößert werden, also die Muskeln. Und die brauchen Eiweiß zum Wachsen. Wenn ich am Bein haben will, was die Pute an der Brust trägt, also festes feines Muskelfleisch, dann hilft nur der Mona-Spezialdrink: Magermilch, Power-Eiweiß und etwas Alibiobst in den Mixer, alles durchpüriert und stoisch hinabgewürgt. Zu viel Eiweiß soll leider nicht gesund sein, habe ich neulich gelesen. Egal. Zu viel laufen ist ja auch nicht gesund. Und zu viele Warnhinweise lesen erst recht nicht.

Außerdem fällt bei uns ohnehin die Hälfte daneben. Wahrscheinlich zittert Mona morgens vor lauter Eiweißgier und schüttet immer die Hälfte neben den Mixer. Überall liegen weiße Staubhäufchen in unserer Küche. Käme zufällig Christoph Daum zu Besuch, würde er sich sofort einen Strohhalm aus der Schublade kramen und akribisch die Fugen unserer Küchenfliesen durchsaugen. Heißa, so viel weißes Pulver überall. Ist ja wie früher. Immerhin würden seine Nasenmuskeln gewaltig anschwellen.

Eiweiß macht eben auch süchtig. Bodybuilder zum Beispiel. Und immer mehr Läufer. Das hört man. Eiweiß-Doping ist nämlich nicht zu verheimlichen. Was immer das gute Protein da im Verdauungstrakt anrichtet, es ist auf jeden Fall nicht zu überhören, schon gar nicht in der Laufgruppe. Man hat den Parkplatz noch nicht mal verlassen, da trötet schon der erste Athlet einen kernigen Eiweißfurz. Dieser Auftakt wird dutzendfach beantwortet und selten leise. Und so geht es den lieben langen Lauf lang. Drei Schritte, dann ein sattes Törööö. Wie bei Benjamin Blümchen.

Interessant, wie der Mensch mit seinem Blähen umgeht. »Sollte 'n Lied werden« ist ja der Klassiker. Andere wiederum lachen künstlich laut und lange, damit man den zweiten nicht hört. Manche stellen sich taub, wenige neigen schließlich zum niederen Fäkalhumor.

Wäre alles lustig, wenn sich die geräuschvolle Eiweißverarbeitung auf die frische Luft beschränken würde. Leider nicht. Läufer bewegen sich ja durchaus auch mal in Aufzügen, Kantinenwarteschlangen oder beim Elternsprechtag. Dort dünsten sie dann mit den Protein-Junkies aus dem Fitnessstudio um die Wette. Und jeder müht sich, den anderen zu überriechen. Vergeblich. Denn mit Darmwinden ist es wie mit Kindern: Die eigenen gehen noch halbwegs. Und wenn nicht, hofft man halt, dass keiner merkt, von wem sie stammen.

# 44.
# WECK DEN HORST IN DIR

*Achim ist neidisch: Ach, wäre er doch so toll wie sein Freund. Schlechte Ausrüstung, kaum Training und trotzdem super Zeiten. Doch damit nicht genug, Horst hat obendrein die richtige Einstellung – und wird so zum Vorbild für jeden Hobbyläufer.*

Neid und Missgunst sind ja des Läufers meist unterdrückte Gefühle. Jeder, der schneller läuft als ich, ist entweder ein Trickser oder eine menschliche Niete. Nur nicht mein Freund Horst. Der ist als Talent auf die Welt gekommen. Er ist naturschnell. Vielleicht wurde er auf der Säuglingsstation auch verwechselt und ist in Wirklichkeit das Kind einer Kenianerin. Seine mitteleuropäische Hautfarbe spricht allerdings dagegen. Horst ist der lebende Beweis, dass die Gene auch mit noch so viel Training nicht zu überlisten sind. Leider hat er es mehr als 40 Jahre lang nicht gemerkt. Horst ist nicht nur ein paar lausige Sekunden besser als der durchschnittliche Freizeitläufer, sondern Welten.
Eigentlich dürfte Horst gar keine Spitzenleistungen vollbringen. Er ist Chef einer großen Hotelanlage in der Türkei und muss rund um die Uhr perfekt sein, er hat eine anspruchsvolle Frau, einen kleinen Sohn und wenig Zeit. Ein zutiefst trainingsfeindliches Leben also, wie bei fast allen Hobbyläufern. Wenn Horst mal ein Stündchen Zeit findet, dann läuft er über sandige Wege inmitten malerischer Müllhaufen, hinter denen Hunde lauern,

die deutlich hungriger und schneller sind als verzärtelte deutsche Hängebauchköter. Auf der Straße läuft er kaum; da würde er umgehend vor einem Laster kleben.

Horst rennt im guten alten Baumwoll-T-Shirt statt in sündteurer Funktionswäsche. Er hat bei Steffny herumgeblättert und sich einen provisorischen Trainingsplan gebastelt. Die nächste Tartanbahn dürfte allerdings einige 100 Kilometer entfernt sein. Dafür hat Horst nur ein Paar Laufschuhe. Die letzten hat er so lange getragen, bis sie von ihm abfielen. Also hat er sich neue gekauft. Die aber haben Blasen verursacht. Also hat Horst weniger trainiert. Mehr als vier Einheiten die Woche waren ohnehin nie drin, insgesamt 60 Kilometer vielleicht. Nicht schlecht, aber auch kein übermäßig ambitioniertes Pensum vor einem Marathon. Einziges Technospielzeug ist sein Navigationsgerät, das ihn immer wieder hinausführt aus der Einöde.

Im März ist Horst einen Halbmarathon gerannt. Die meisten Debütanten sind extrem stolz, wenn sie unter zwei Stunden bleiben. Und Horst? Wetzte nach gut 90 Minuten durchs Ziel – als 22. seiner Altersklasse. Einfach so. Menschen, die doppelt so lange und doppelt so viel trainieren, schaffen eine solche Zeit im Leben nicht. Ich zum Beispiel. Horst lacht.

Was mag sein verdammtes Erfolgsgeheimnis sein? Ein großer Stretcher ist er jedenfalls nicht. Krafttraining? I wo. Vier Kilogramm des üblichen Familienfetts zu viel trägt er auch mit sich herum. Geheime Mittel, Horst, gestehe! »Magnesium ist super«, sagt er. Es gibt nicht viel, was noch weiter unten auf der Dopingliste steht. Nahrungsergänzungsmitteltechnisch ist er offenbar ein ziemlicher Anfänger. Von Grünlippmuschel und Ackerschachtelhalm hat er noch nie gehört. Von Verletzungen allerdings auch nicht. Einlagen, Gel-Keile, Schnürsenkelschnellschnürer, Storchenstrümpfe? Was ist das?

Letzte Möglichkeit: Dieser Mann hat geheime Psychotricks! Wie wecke ich also den Horst in mir? »Einfach nicht aufhören«, erklärt er. Aha. Wirklich hilfreich ist das auch nicht.

Neulich ist Horst seinen ersten Marathon gerannt, in Regensburg, berüchtigt für sein Kopfsteinpflaster in der Altstadt. Und Horst? Kommt nach drei Stunden und 33 Minuten ins Ziel. Neun von zehn verdammten Lauftrefflern würden sich den linken Arm abhacken, wenn sie jemals eine solche Zeit hinlegten. Es gibt Läufer, die haben Familie, Gesundheit, Job, Partnerschaft, Sexleben, Konto und Psyche ruiniert, um einmal im Leben unter vier Stunden zu bleiben. Aber Horst hat sich nicht mal die Blöße gegeben, für die drei Minuten, die ihn unter die magischen dreieinhalb Stunden gebracht hätten, noch albern herumzusprinten. Wahre Läufergröße zeigt der, der nicht um die letzten Sekunden kämpft, sondern cool ins Ziel rauscht. So wie Horst. Und dann hat er sich erst mal vier halbe Bier eingefüllt.

Was wäre wohl mit optimalem Training und all dem anderen Schnickschnack drum herum alles möglich bei diesem Spätberufenen? Vielleicht aber würde ihn der Material- und Plan-Hype auch nur verrückt machen. Fakt ist: Horst hat Talent, er nutzt es und es geht ihm gut dabei. Ein ideales Läuferleben. In Berlin startet er wieder.

# 45.
# 60 EURO STATT 60 MINUTEN

*Dumme Sache: Achim Achilles hat ein dickes Minus auf seinem Läuferkonto. Doch sein Vorhaben, das im Morgengrauen wieder auszugleichen, endet im Desaster: Die Polizei schnappt ihn; statt laufen heißt es blechen.*

Ich schwöre, heute wollte ich laufen gehen. Ich wollte nicht nur, ich musste. Eine Woche ohne Laufen, das ist wie ein Monat ohne Bier – eine Katastrophe. Schon am zweiten Tag ohne Training spürt man, wie sich entfesselte Fettzellen aufpumpen. Spätestens am dritten Tag ohne raunze ich meine Frau an, zwar fast immer zu Recht, aber das will sie einfach nicht kapieren. »Geh laufen!«, sagt Mona nur. Am Tag vier verspüre ich schlimme Anzeichen einer Handy- und Computerallergie. Überall bimmelt und rappelt es. Ich giere nach der Ruhe des Waldes.
»Lerne Laufen ohne Leiden«, so ungefähr dichtete einst der große Physiophilosoph Udo Jürgens. Nur frische Luft außerhalb der digitalen Welt kann mich retten. Manchmal ertappe ich mich dabei, wie ich mit der Gabel rhythmisch über den Teller schrieke, weil mir das Geräusch schleifender Walking-Prügel fehlt. Sicheres Zeichen unmittelbar bevorstehenden Laufmangelwahnsinns. Ich muss raus.
Die Regel lautet: Jede Stunde laufloses Leben muss durch mindestens eine Minute Training kompensiert werden. Macht 144 Mi-

nuten pro Woche. Die verheerende Bilanz der letzten sieben Tage: 43 Minuten. Ich habe also 101 Minuten Laufschulden plus gut 70 aus der letzten Woche. Die Monate davor habe ich zum Glück vergessen. Auf jeden Fall stehe ich kurz vor der läuferischen Privatinsolvenz.

Vor ein paar Wochen habe ich testhalber den Wecker auf 5 Uhr 50 gestellt. Er bimmelte wirklich. Mona schlug mich mit ihrem Schmusekopfkissen, murmelte »Schwachkopf« und schnarchte weiter. Ich fühlte mich wie Hektor, als ich aus dem Haus trat. Der nächstgelegene Park ist leider nicht viel größer als das Studio von Anne Will, maximal 200 Meter Umlaufbahn. Nach der siebten Runde verspürte ich linkshüftigen Stechschmerz. Ich lief fünfmal andersherum. Dann war mir schlecht von der Kreiselei.

Laufen zur besten Schlafzeit ohne Frühstück mit einer kaum verdauten Vorabendflasche Weißburgunder im Bauch ist die Hölle. Ich stellte mich auf den Rasen und kreiste die Arme. Ich überlegte, wie diese Yogaübung ging, die Mona einst exerzierte, weil man davon in fünf Minuten superfit und muskulös wird. Knarzend begab ich mich in den Liegestütz. Das Gras war wunderbar weich und morgenfeucht. Die komische Masse unter meiner linken Hand fühlte sich allerdings nicht an wie Tau, allenfalls wie sehr dichter.

Keine Ahnung, was die Passanten dachten, die zur U-Bahn hetzten, als sie den Schrei hörten, das folgende Fluchen und einen mäßig austrainierten Herrn sahen, wie er seine Linke hektisch über den Rasen wischte. Bilanz um 6.30 Uhr MEZ: Höchstens zweieinhalb Kilometer gelaufen, beide Hüften ruiniert und ein knappes Pfund Hundehaufen an der Flosse. Die Verkäuferin beim Bäcker schnupperte skeptisch, als ich bezahlte. Ich deutete auf den feisten Pudel, den die alte Dame neben mir an der Leine hielt. Der Hund an sich trägt Kollektivschuld. Ich fuhr den ganzen Tag mit dem Rad, um meine Bewegungsbilanz zu verbessern, zur Post, zum Weinladen und sogar abends zum Nudelessen mit Klaus Heinrich.

Heute nun wird alles besser: Ich werde endlich wieder richtig laufen. Punkt vier muss Karl in der Musikschule sein. Wenn ich in Laufklamotten ins Auto springe, ihn absetze und mit einem U-Turn zum Park am Insulaner jage, bleiben mir exakt 38 Minuten. Auf einem Hügel mitten im Park steht eine Sternwarte, für Berliner Maßstäbe befinden wir uns also in einem hochalpinen Sauerstoffmangelgebiet. Vier, fünf Bergläufe sind gerade so drin.
Wenige 100 Meter vor dem Ziel schreit das Handy. Mist. Ein großzügiger Auftraggeber ist dran. Ich klemme das Telefon zwischen Ohr und Schulter und sülze nach Kräften, während ich elegant mit dem rechten Hinterrad auf den Kantstein hopse. Zwei Polizisten schauen interessiert durchs Beifahrerfenster. Sie kontrollieren eigentlich Fahrräder, wollen aber dennoch, dass ich aussteige. Ich stammele »Entschuldigung ... ääh ... Polizei ... nein, nein nichts Ernstes ... rufe zurück ...« ins Telefon und verabschiede mich von einem fetten Auftrag.
»Ich will doch nur laufen«, erkläre ich den Ordnungshütern. Nach heftigerem Wortgefecht lautet die Antwort unverändert: »60 Euro wegen Telefonieren am Steuer.« Immerhin sehen sie von einer Anzeige wegen Beamtenbeleidigung ab, als ich grinse, weil der Dickere von beiden behauptet, auch Läufer zu sein. Man kann sich seine Verbündeten nicht immer aussuchen. Ich gucke auf die Uhr. Noch zwölf Minuten. Na gut, dann stretche ich heute eben nur. Ist auch besser für die Hüfte.

# 46.
# RETRO-RÜDIGER TRIFFT BEISCHLAF-BLÖDMOPS

*Ein Streik und seine Folgen: Kaum fährt in Berlin nichts mehr, läuft alle Welt – zum Leidwesen von Achim Achilles nicht nur zur Arbeit. Doch der Laufgott nimmt es gelassen und nutzt die Menschenmasse für eine sozio-psychologische Feindanalyse.*

Schade, dass in Berlin so wenig gestreikt wird. Es sind immer ein paar nette Tage, wenn der Berliner Nahverkehr lahmliegt. Endlich haben die Hauptstädter wieder einen Grund, von geregelter Arbeit abzusehen. Man trifft sich morgens nicht in der U-Bahn, sondern im Stadion. Herrlich. Werktagsvormittag 100 Minuten ohne Einsamkeit auf der grimmigen Tartanbahn, 400-Meter-Intervalle schrubben im trauten Kreise einer semi-ambitionierten Laienlaufschar.
Allein war ich dennoch. Denn nur weil sich viele Läufer auf engem Raum tummeln, reden sie noch lange nicht miteinander. Jeder Läufer ist Robinson auf seiner eigenen einsamen Insel.
Wäre »Sportsgeist« nicht nur ein Wort, dann würden wir gemeinsam stretchen, halbgare Tipps austauschen oder uns Mut zusprechen. Das Gegenteil ist der Fall: Ein halbes Dutzend Grüppchen und Einzelkämpfer halten sorgsam Abstand voneinander. Angst, Skepsis, Abneigung liegen in der Luft. Die anderen sollen nichts hören, nichts sehen, nichts riechen. Jeder bewegt sich nach seiner eigenen Trainingslehre, aber keiner orthopädisch korrekt.

Nur an freizeitsportlicher Coolness mag sich keiner überbieten lassen. Ein Stadion voller Narren, narzisstisch wie ein Gebrauchtwagenmarkt: Offiziell ignoriert, insgeheim belauert man sich. Was treiben die anderen? Geheime Trainingsprogramme? Beeindruckende Wadenstruktur? Oder einfach nur Volltrottel, wie dieser Retro-Rüdiger im Achtziger-Jahre-Trainingsanzug, der sich dehnt wie Gerd Müller. Rüdi sprintet o-beinig 50 Meter und stretcht sofort wieder, bis die Muskelfasern quietschen. Fühlt an seinen Schenkelmuskeln. Guckt beifallheischend umher. Stolziert eine Weile. Kratzt sich verstohlen, aber ausführlich am Skrotum. Fördert seinen Naseninhalt mit dem kleinen Finger ans Licht, um ihn sehr lange zu inspizieren. Sprintet wieder ein paar Meter. Garantiert Fußballer.

20 Meter entfernt schlurft ein Lauf-Methusalem über die Bahn, bestimmt schon die 20. Runde, im immer gleichen Tempo, mit dem immer gleichen reglosen Gesichtsausdruck, einschläferndem Emma-Schnaufen, den Kopf entspannt auf der linken Schulter abgelegt. Opa Piepenbrink zieht womöglich schon seit vier Wochen hier seine Kreise, Tag und Nacht. Niemand hat gemerkt, dass er beim Laufen einen Hirnschlag erlitten hat, aber die Körperfunktionen intakt geblieben sind.

Oder der zottelige Eremit, der die losgelöste Sohle seines rechten Laufschuhs mit einem Paar Extraschnürsenkel fixiert hat. Überholen kann man ihn nicht, weil er auf Bahn drei läuft und seine Arme wie Hubschrauberrotoren kreisen. Er würde jeden anderen Läufer einfach weghauen. Außerdem hüllt er sich in eine feuchte Wolke Feinspeichel. Man will gar nicht überholen – oder höchstens mit einer starken Brise. Denn der Herr sieht nicht gerade wie ein Duschsüchtiger aus.

Besonders ekelhaft sind die beiden Magermänner, die nicht länger als 70 Sekunden für die 400-Meter-Runde brauchen. Da kann was nicht stimmen. Wer schneller ist als ich, der muss gedopt sein.

Psychologisch interessant ist der Freak auf dem Rasen. Vielleicht ist es auch eine Sie. Es hat jedenfalls die Laufschuhe ausgezogen

und hüpft in weichen Gummischuhen über das nasse Gras. Entweder ein Relikt der 68er, das immer noch nicht gepeilt hat, dass Woodstock vorbei ist. Vielleicht auch ein Steffny-Leser, der an die Macht des Fußgelenktrainings glaubt. Oder was Esoterisches, das den Frühling herbeitanzt. Bislang leider erfolglos.
Neidische Blicke zieht ein vollschlanker Mittvierziger auf sich. Er wackelt zwar wie eine Fassbrause auf Schweineklauen, aber dafür nicht allein. An seiner Seite kämpft eine gedrungene, gleichwohl ästhetisch gerade noch erträgliche Anfangzwanzigerin im zeitlosen Vollfrottee-Outfit. Eindeutig eine Anfängerin. Eine halbe Bahn trabt das Paar, dann wird wieder spaziert. Klare Sache: Der Lustmolch würde zwar keine drei Runden durchhalten, aber die junge Dame hält ihn für einen Spitzentrainer, weil er kluge Sachen über Fettverbrennung sagt. Die Nummer zieht immer. So einfühlsam, wie er auf sie einredet, können sie noch nicht lange zusammen sein. Wahrscheinlich bereitet der greise Molch einen aushäusigen Beischlaf vor. Alle Männer hier im Stadion wären bessere Trainer als der Blödmops. Aber er hat die Macht. Und sie verehrt ihn.
Jetzt habe ich die beiden schon das vierte Mal überrundet. Aber sie hat dennoch nur Augen für ihn. Das Gequatsche vom Feminat mag überall gelten, aber nicht im Stadion. Hier haben Frauen nach wie vor Angst vor starken Männern.

# 47.
# DIE UHR, DER GRÖẞTE FEIND

*Eines mag Achim so gar nicht. Wenn er schnell von einem Punkt zum anderen laufen soll und selbst der besten Geschichte zur Eigenmotivation nach wenigen Metern die Luft ausgeht. Was bleibt, ist die Hoffnung, dass wenigstens die Zeit stimmt im Kampf gegen die Uhr.*

Willkommen zum wöchentlichen Hasstraining: Tempo. Noch 300 Meter, dann kommt der gelbe Punkt, den Klemmbrett-Karraß auf den Asphalt vom Kronprinzessinnenweg gesprüht hat. Das ist der Start: zwei Doppelpunkte, und zwei weitere Kleckse später dann das Ziel: 2000 Meter. Am Stück. In 4:40 Minuten den Kilometer, besser schneller. Mindestens vier, besser sechs oder acht Mal, aber nur, wenn man Ambitionen für die Fremdenlegion hegt.

Drei Läufe habe ich schon hinter mir. Mein Magen grollt. Bleibeine. Panikstarre. Motivation unterhalb der Messbarkeitsgrenze. Egal. Angriff. Die ersten Schritte tun weh. Die danach erst recht. Die erste 100-Meter-Marke erscheint am Horizont. Nur noch 1900 Meter. Tolle Aussicht.

Es ist der Tag der Materialfehler. Mona sägte noch selig, als ich morgens meine Kampfmontur anlegte. Um gar nicht erst in den Fettverbrennungsbereich zurückzufallen, wollte ich Brustgurt und Angeber-Polar mitnehmen. Doch meine S625X, der vermeintliche Porsche unter den Pulsuhren, erwies sich wieder mal als Gebraucht-Lada. An die Meldung »Speicher voll«, die seit dem dritten Tag nach Inbetriebnahme im Display blinkt, habe ich mich gewöhnt. Ich betrachte es als Hinweis zur Drosselung der Glykogenaufnahme.

Dass der Kilometerzähler auch nicht funktioniert, weil sich jede Batterie nach einer halben Stunde blitzentladen hat, machte mir auch nichts aus. Hauptsache, das Ding klebt am Schuh und sieht professionell aus. Nach dem vierten Mal der Temponeujustierung auf der Tartanbahn hatte ich die Nase eh voll. »Wir kalibrieren uns zu Tode« wäre ein toller neuer Titel für Neil Postman.

Immerhin tat es die Pulsmessung, zumindest in den Wochen, in denen kein Batteriewechsel fällig war. Natürlich könne man den selbst vornehmen, versprach die Finnenfirma. Aber man sollte es lieber lassen, warnte Sven im Ausdauertempel. »Danach ist sie garantiert nicht mehr wasserdicht.« Also einschicken, zwei Wochen warten und den Preis eines zuverlässigen Eduscho-Weckers dafür bezahlen. Eines muss man Polar lassen: Für fast 400 Euro gibt es eine Menge Unterhaltung. Mit Mona spiele ich auf langen Bahnfahrten immer das Bedienungsanleitungsspiel: Einer liest einen beliebigen Satz aus dem brockhausdicken Beipackzettel der S625X vor, der andere muss raten, was es bedeuten könnte. Wir hatten noch nie einen Treffer. Ich schnappte mir Monas 20-Euro-Uhr, die seit zwei Jahren originalverpackt im Schrank vor sich hin lief.

Pulsuhren sind die Pest. Unbestechliche Terrormaschinen. 2:22 Minuten beim ersten Doppelpunkt, also nach 500 Metern. Zu langsam. Das wären 4:44 Minuten auf 1000 Metern, also 9:28 Minuten auf 2000 Metern, sofern ich dieses Mördertempo überhaupt halte. Indiskutabel. Los jetzt, hoch die schweren Flunken.

Es gibt zwei Psychostrategien, um schneller zu laufen, als man eigentlich will. Die erste: Ablenkung. Einfach an etwas anderes denken. Urlaub. Bier. Mona. Vorteil: Die Zeit vergeht. Nachteil: aber zu langsam. Nach spätestens zehn Sekunden denkt man wieder an die Beine. Strategie zwei: eine Fantasiegeschichte. Hinter mir sind grölende Hottentotten her, mit Knochenkeilen durch die Nase, die mich braten wollen. Sie kommen immer näher. In 800 Metern Entfernung aber wartet das rettende Fort. Ich muss es schaffen, irgendwie. Vorteil: Angst macht Beine. Nachteil: Weil man sich selbst belügt, weiß man es und glaubt einfach nicht an Hottentotten-Storys.

Noch 600 Meter. Wenn ich jetzt auf die Uhr gucke und so tue, als wäre es schon fast die 500-Meter-Marke, dann sieht die Zwischenzeit gar nicht schlecht aus. Ich huste eine Handvoll Schlorz ab. Freie Luftwege bringen bestimmt noch ein paar Zehntel. Es geht leicht bergauf. Viele kleine Schritte. Die letzten 300 Meter. Füße kleben am Boden. Aufs Lauf-ABC konzentrieren. Hoch die Stelzen, Eleganz in den Schritt, Kraft in den Kniehub. »Frequenz«, brüllt Klemmbrett-Karraß in diesem Moment immer. Gut, dass er nicht da ist. Er käme jetzt locker vorbeigefedert und fragte: »Naaa, geht es noch?« Was soll man auf so eine blöde Frage antworten, vorausgesetzt, man könnte noch sprechen?

Da, der gelbe Punkt leuchtet von fern. Mist, doch nur ein Kaugummipapier. Also noch 50 Meter mehr. Gngngn, geschafft. Ich trudele den Weg entlang. Endlich erledigt, der Mist. Und die Zeit? Verdammt, welche Zeit? Vergessen, die Uhr zu drücken. Sie zeigt längst über zehn Minuten an. Bestimmt schon eine Minute her, dass ich den Punkt passiert habe. Als Tempoläufer hat man ja jede Sekunde im Blut.

# 48.
# LIEGESTÜTZE MIT KORAN

*Ein echter Läufer trainiert auch am Schontag Montag. Leider ist da ein Neuer in der Laufgruppe. Der ist nicht nur schnell, sondern vor allem nervig. Wie wird man so einen wieder los?*

Montag ist Schontag. Das heißt natürlich nicht, dass man gar nicht laufen muss. Aber locker. Nach einem trainingsreichen Wochenende muss der Zugewinn an Tempo und Ausdauer gleichsam versiegelt und eingeschweißt werden. Dass sich jede verdammte Körperfaser anfühlt, als sei sie im nordkoreanischen Atomtest gegrillt worden, sei ein sehr gutes Zeichen, sagt die Fachliteratur. Also ein Stündchen durch den düsteren Tiergarten, rund um den dramatisch beleuchteten Reichstag und das einsame Kanzlerinnenamt.

Klemmbrett-Karraß hat sich diesen Afterwork-City-Run ausgedacht, der im Foyer eines namhaften Sportartikelherstellers startet. Zwischen italienischen Shopping-Touristen und hohlbirnigen Bushido-Fans, die sich noch ein paar Accessoires für ihre Gangsta-Rap-Verkleidung zusammenklauen wollen, stehen wir, in Strumpfhosen, mit dicken Uhren, die Schuhe voller Trockenmodder, und versuchen, die neugierigen Blicke der Kundschaft für Bewunderung zu halten. Ein Läufer, der gerade nicht läuft, sondern herumsteht, neigt ja dazu, sich in seiner Sportbekleidung ziemlich albern vorzukommen. Völlig zu Recht übrigens.

Seit ein paar Wochen ist ein Neuer dabei, eine Supergranate. Keine Ahnung, wie er heißt. Ich nenne ihn »Harhar«. Harhar ist eher klein geraten, sieht aus wie eine Mischung aus Bulldogge und Fremdenlegionär und hat sich einen Laufschuh mit Flügeln auf seinen rasierten und karotinfarbenen Unterschenkel tätowieren lassen. Harhar trägt einen Schnauzbart und kommt immer mit Trink- und Handygurt. Jeden Satz beendet er mit einem »Harhar«.

Harhar läuft erst drei Jahre, dafür umso heftiger. Seine Frau nennt er »die Alte, harhar«. Das würde ich über Mona nicht mal denken, jedenfalls nur selten. Für Harhar ist seine Alte aber ohnehin nicht mehr so wichtig, denn sie hat sich von ihm getrennt und die Kinder gleich mitgenommen. Er findet das prima, harhar. Denn jetzt kann er noch mehr trainieren »und Bestzeiten pulverisieren, harhar«.

Harhar gehört zu jener höchst nervigen Spezies, die das Bestzeiten-Pulverisieren zu ihrer tagtäglichen Zentralbeschäftigung erhoben hat. Da will man montags einfach nur ein entspanntes Stündchen durch die abendliche Hauptstadt traben, schon setzt sich Harhar an die Spitze und rast los wie im olympischen Finale. Man sollte ihn einfach laufen lassen. Aber das geht leider nicht. Es gibt ja leider dieses Gen, das es Männern praktisch verbietet, einen Geschlechtsgenossen ziehen zu lassen. Also widerwillig hinterher.

»Wo bleibt ihr denn? Der Trainer hat doch gesagt: zügig. Und zügig heißt mindestens 3:45 Minuten den Kilometer. Oder, Achim?«, schnarrt Harhar an der Ampel. Ich schweige stolz und etwas atemlos. Harhar läuft derweil auf der Stelle und will die anderen mit wilden Armbewegungen ebenfalls zum Ampelstep animieren. »Sonst verspannen die Muskeln«, doziert Doktor Harhar, »habe ich neulich in einer Studie der Uni Freiburg gelesen. Harhar.« Harhar zitiert pausenlos Studien. Er bereitet mir Magenschmerzen.

Deswegen muss er umgehend entsorgt werden. Und ich weiß auch schon wie. Auf der Hälfte der Strecke ordnet Klemmbrett-

Karraß meist Gymnastik an. Weil es dunkel ist und windig, verziehen wir uns in eine geschützte Ecke am Rande des Reichstags. Direkt über uns schwebt eine Überwachungskamera. Und die wird Harhar zum Verhängnis werden.
Während wir uns in meditativem Kopfkreisen versenken, geht Harhar sofort zu Boden und macht Liegestütz wie ein Navy Seal. Fehlt nur noch, dass er vorher Glasscherben ausstreut und sein Fahrtenmesser aufklappt. Was mögen die Jungs an den Überwachungsmonitoren wohl denken, wenn sie einen Schnauzbart sehen, der sich mit schwarzem Gepäckgürtel direkt am deutschen Parlament auf den Boden wirft?
Genau. Der Typ sieht aus wie ein Mitglied vom Al-Qaida-Ortsverein Moabit. Unsere wachsamen Sicherheitsbeamten werden Verdacht schöpfen und ihn in die Kartei aufnehmen. Jetzt müssen wir Harhar nur noch dazu bringen, beim Pumpen ein paar Koransuren zu brüllen. Wie? Ganz einfach. Wir erzählen ihm von einer Studie des sportmedizinischen Instituts der Universität Kandahar, die ergeben hat, dass das Aufsagen von Koranversen ganz und gar unglaubliche Motivationsreserven freisetzt. Auf dem Gefängnishof kann er dann 24 Stunden am Tag trainieren. Mit der Eisenkugel am Fuß ist es ohnehin viel effektiver. Harhar.

# 49.
# BIOWAFFE IN LAUFSCHUHEN

*Die Haager Landkriegsordnung von 1907 regelt bewaffnete Konflikte. So wird etwa der Einsatz von Gift untersagt. Achim Achilles verstößt regelmäßig gegen das Vertragswerk. Er kann nicht anders.*

Es gibt Läufer, die sehen auch nach 150 Minuten Tempolauf noch so aus, als seien sie soeben dem Riefenstahl-Werbefoto eines führenden amerikanischen Herstellers eng anliegender Sportwäsche entsprungen: kein Schweiß, kein Dreck, die Frisur formbeständig betoniert, die Schuhe frisch aus dem Karton. Klemmbrett-Karraß ist so einer. Sein Drei-Wetter-Taft-Look am Ende jeden Trainings ist ein einziger Vorwurf für Normalläufer wie mich. Ich warte auf den Tag, an dem mich ein Rettungshubschrauber kilometerweit verfolgt, um auf der ersten Lichtung niederzugehen. Sanitäter springen heraus, bringen mich mit einem technisch einwandfreien Tackling zu Boden und schnallen mich auf eine Trage. »So erbärmlich, wie Sie aussehen, sollten Sie nicht weiterlaufen«, sagt der, der mir gerade die Infusion gelegt hat.

Das mag daran liegen, dass ich über den Körper einer Pornodarstellerin verfüge. Ich bestehe im Prinzip nur aus Öffnungen. Und an jeder pladdert irgendetwas Merkwürdiges heraus, sobald ich die ersten 30 Meter gelaufen bin. Die hyperaktiven Schweißdrüsen lassen sich im Winter ja wenigstens noch durch Kälteschocks

zur Ruhe bringen. Schwieriger wird es bei der Nase. Die tut nämlich das Gleiche wie ich: laufen. Nur schneller. Auch wenn ich nicht erkältet bin. Sie schaltet sofort auf Abstoßmodus, wenn mein Puls über 80 schnellt. Taschentücher sind keine Lösung. Wohin mit den Dingern nach dem ersten Gebrauch? Also ein neues. Dann müsste ich aber ein Wägelchen Taschentücher hinter mir herziehen. Bin ich Husky von Beruf?
Also zwingt mich mein Riechorgan seit Jahren, einen neuen Sport zu erlernen: einhändiges Abschnäuzen in vollem Galopp. Die schnäuzerischen Trainingserfolge bleiben noch weit hinter meinen läuferischen zurück. Denn die Nasenbewohner sind tückische Gesellen. Laufend ändern sie Größe, Konsistenz und Form. Die Farbe sowieso. Die eher festen Freunde muss man mit einem beherzten harten »Pffft« ausstoßen, also kurze Dauer, hoher Druck, was durch Zuhalten des anderen Nasenlochs erleichtert wird. Bauern nehmen den Daumen, Stilisten den kleinen Finger, Idioten die ganze Hand, um sich in selbige zu schnoddern. Sämig-längliche Kandidaten, die sich wie Tausendfüßler an den Schleimhäuten festkrallen, sind dagegen nur mit einem ausdauernden »Gmmmnnpff« zu lösen.
Wendet man die falsche Schnäuztechnik an, passiert ein Unheil: Der Naseninhalt verharrt auf halber Strecke – eine mehr oder weniger klebrige Masse verteilt sich zwischen Nase, Fingern, Ärmeln, Schultern und in schlimmsten Fall in nachfolgenden Sportskameraden. Lustige Hängebrücken entstehen, die immer länger werden, je mehr man versucht, sie abzuschütteln. Am Ende hilft nur der Ärmel. Wichtig: nur kurz wischen. Sonst Großflächenverkeimung. Drafi Deutscher hat völlig Recht, wenn er singt: »Schnäuze nur, wenn der Regen fällt, damdam, damdam.«
Natürlich regnet es nicht. Und im Ziel auf dem Parkplatz starren mich alle an, vor allem auf meine Schulter, meinen Ärmel, meine Nase, den Quadratmeter drum herum und meinen Hintermann. Die Doofen glotzen nur, die Netteren sagen: »Ääh, du hat da was ...« und deuten auf irgendeine Stelle in meinem Gesicht,

»sieht aus wie Vogelscheiße.« Wenn es die nur wäre. Dann könnte man die Schuld an einen Piepmatz delegieren. »Huch«, sage ich also, total überrascht, »wo kommt das denn her?«
Ist diese Peinlichkeit zu steigern? Aber sicher. Denn was sich in der Nase abspielt, ist nur ein Vorgeschmack dessen, was sich in der Kehle zusammenbraut. Da verstecken sich die großen, lang gewachsenen Geschwister der Nasenbewohner, jünger vielleicht, aber allemal zäher. Einer von ihnen hätte mich neulich fast das Leben gekostet.
Als ich auf der langen Geraden des Kronprinzessinnenwegs außer Hörweite jedes Mitmenschen wieder jenes prallvolle Gefühl in der Kehle verspürte, setzte ich zu einem maskulinen »Horrrchrriikkk« an und feuerte das Projektil über die Schulter. Sollte es für ewig auf dem Asphalt kleben und mit Füßen getreten werden.
Leider setzte exakt in dieser Sekunde ein Rennradler an, mich zu überholen. Meine feuchte Kehlenkeule streifte ihn offenbar nur, was aber genügte, ihn zur Vollbremsung zu bewegen. »Du hast wohl einen an der Waffel«, fauchte er. »'tschuldigung«, gurgelte ich, denn so ganz frei war der Hals immer noch nicht. Er guckte mich skeptisch an. Ich zog die Nase hoch. »Pass auf, das nächste Mal«, sagte er und klickte eilig in seine Pedale und nahm Reißaus. Er hatte nicht damit gerechnet, dass ich noch weitere Biowaffen bei mir habe.

# 50.
# VON MUSTERPAPIS UND PAVIANPOPOS

*Kinder sind die Statussymbole von heute. Wenn der Nachwuchs das Lauferleben des Papas allerdings in Mitleidenschaft zieht, endet der Spaß. Bobby Car und Brennnesselfeld belasten das Training einfach zu stark.*

Mona ahnt noch nichts. Sie wird vermutlich ein wenig überrascht sein, wenn die Jungs eines Morgens plötzlich weg sind. Ich überlege ernsthaft, unsere Kinder zur Adoption freizugeben. Oder ins Heim. Vielleicht spendiere ich ihnen auch ein preiswertes Internat in Osteuropa. Auf jeden Fall müssen die Bengel aus dem Haus. Sie ruinieren fortwährend meine Form. Und von einem schlecht gelaunten Ernährer hat ja keiner was.

Solange Hans klein war und im Babyjogger vor sich hin brabbelte, war alles in bester Ordnung. Ich lief, er schlief, die Mutter hatte Zeit für sich und erzählte überall herum, wie mustergültig Papa Achim sich um den Nachwuchs kümmere. Laufen mit Baby gehört zu den gesellschaftlich anerkanntesten Freizeitbeschäftigungen überhaupt. Wildfremde Frauen raunten mir bewundernd hinterher, manche kreischten sogar ekstatisch ihre Männer an: »Guck mal, Karlheinz, so ein toller Vater.« Ein brillantes Missverständnis. Daddy trainiert, entzieht sich dem Spielplatzterror und wird noch bejubelt – das ist gleich dreifacher Profit.

Da nimmt man es sogar auf sich, den kleinen Scheißer mitten im Wald zu wickeln, weil er mal wieder genau dann die Windel überfüllt hatte, wenn wir am weitesten vom Parkplatz entfernt waren. Leider entfaltete die Stinkbombe unten im Kinderwagen ihr ganzes Aroma, weil einer der beiden Klebeverschlüsse abgerissen war und die Konsistenz der Füllung ausnahmsweise eher Bratensoße als Stahlbeton glich. Alternativ überrieche ich das Malheur eine knappe Stunde lang und drücke Mona beim Nachhausekommen den Kleinen auf den Arm. »Ist gerade vor einer Minute passiert«, sage ich entschuldigend. Die festgetrockneten Reste am Rücken, der Pavianpo und sein Wimmern entlarven mich leider.

Inzwischen ist Hans dem Babyjogger entwachsen, fast jedenfalls. Immerhin schleifen seine Füße noch nicht über den Boden. Aber der Lümmel will nicht mehr stillsitzen und schlafen, sondern selbst herumlaufen. »Nimm doch das Bobby Car mit«, empfahl meine Gattin, »dann kann er vor dir herfahren.« Tolle Idee. Wir haben sie genau einmal probiert. Leider hatte Hans größtes Vergnügen daran, immer vom Weg ab- und stracks ins Grüne zu fahren.

Außerdem rollen Bobby Cars auf Waldboden nicht, schon gar nicht inmitten von Matschseen. Dass Hans sich bei Baumwurzeln fast überschlug, sah noch ganz lustig aus. Immerhin eine kurze Tempoeinheit bekam ich, weil der Kleine beim Abhang zum See das Bremsen vergaß. Einen Moment lang überlegte ich, ihn einfach rollen zu lassen. Bobby Cars schwimmen bestimmt eine ganze Weile. Er hätte sich prima daran festklammern können, bis ich meine Runde um den See geschafft hätte. Mein weiches Vaterherz ließ es dann aber doch nicht zu, dass das schöne Bobby Car nass werden würde.

Das kleine Brennnesselfeld am Wegesrand beendete schlagartig unseren Sportausflug. Das botanisch unkundige Kind raste mitten hinein und fiel vor Schreck auch noch vom Sitz. Warum musste Mona ihm auch die kurze Hose anziehen? Nach knapp 20 Minuten ohne viel Laufen war das Training jedenfalls zu Ende. Ich trug ein brüllendes Kind auf den Schultern und das Bobby Car in einer Hand. Brennnesselreste piekten in meinem Nacken. Gepäckmarsch mit kreislauffördernden Kräutern am Hals soll ja prima sein für Kraftausdauer und generelle Leidensfähigkeit.

Wie aber soll das Vater-Sohn-Training weitergehen? Mona empfiehlt ein Dreirad mit Schiebestange. Von wegen. Wenn die Pedale sich mitdrehen, wird Hans sehr bald keine Schienbeine mehr haben. Vielleicht kann man einen Kindersitz vorn ans Rennrad klemmen. Ist aber auch Blödsinn. Da investiert man Unsummen in Kohlefaserkomponenten, um ja kein Gramm zu viel die Hügel hochzuwuchten, und flanscht sich dann 15 völlig überflüssige und zudem noch herumzappelnde Kilogramm ans Edelbike. Ausgeschlossen.

In dieser Woche werden wir eine ganz neue Variante probieren. Ich habe ein eindrucksvolles Sortiment Sandspielzeug gekauft plus mannshohen Bagger. Damit werde ich Hans in die Sprunggrube vom Mommsenstadion setzen. Die blöden Weitspringer werden ja wohl an dem Kind vorbeihüpfen können. Noch ein riesiges Eis dazu und er gibt hoffentlich eine halbe Stunde Ruhe. Das reicht für viermal 1000 Meter. Mehr schaffe ich sowieso nicht.

# 51.
# DER RASENDE ROTZLÖFFEL

*Achim rennt im Sprinttempo in die Midlife-Crisis. Nicht genug, dass es immer öfter in den Beinen zwickt: Jetzt wird er auch noch von seinem eigenen Sohn verheizt. Dabei wollte das Konditionswunder doch strikt zwischen Familie und Laufen trennen.*

Neulich war ich mit Karl auf dem Sportplatz. Es war ein Fiasko. Der Bengel hat seinen Erzeuger und Ernährer auf tückische Art und Weise blamiert. Und Mona hat sich schlapp gelacht. Karl ist 13 und spielt Handball. Leider hat er nicht die leichtfüßig-ausdauernde Explosivität seines Vaters geerbt. Er pflegt eher eine gewisse Gelassenheit auf dem Spielfeld. »Ein gutes Pferd springt nicht höher, als es muss«, sagt er stoisch. Keine Ahnung, woher er diesen blöden Spruch hat. Wahrscheinlich von Mona.
Vor drei Jahren waren wir das letzte Mal gemeinsam laufen. Karl fürchtete damals den 1000-Meter-Test in der Schule und kam nicht umhin, sich vorzubereiten. Die Trainingsakribie seines Vaters schien er sich zum Vorbild nehmen zu wollen. Leider sind Kinder fürs Laufen nicht gemacht. Nach 200 Metern klagte Karl über Seitenstechen, nach 300 über sein angebliches schmerzendes Knie, nach 400 über Durst, nach 500 schließlich schnappte er erbärmlich nach Luft und blieb stehen.
Unser Tempo hatte knapp über Walkerniveau gelegen. Es gab überhaupt keinen Grund zu schnaufen. Ich versuchte, ihn in ein

Fachgespräch über Pokémon-Karten zu verwickeln. Damit war er noch immer abzulenken gewesen. Doch Karl japste nur vorwurfsvoll. Er war puterrot angelaufen. Bestimmt hatte er einfach die Luft angehalten, so wie der kleine Pepe bei »Asterix in Spanien«. Wir gingen zurück zum Auto. Karl humpelte schweigend.
Zu Hause tagte umgehend das Familienschnellgericht. Karl fiel Mona schluchzend um den Hals. Ohne ein einziges Indiz wurde ich verurteilt. »Du hast den Jungen überfordert«, giftete Mona, »musst du dir deine Triumphe schon so billig besorgen, dass du Elfjährige fertigmachst?« Zugegeben, der Gedanke war nicht unattraktiv. Mit Mitte 40 nimmt man jeden Sieg, den man kriegen kann. Aber mein Sohn hatte mir ja gar keine Chance gegeben. »Der Bengel ist keine drei Minuten ...«, verteidigte ich mich, aber Mona duldete keine Widerrede. »Schäm dich!«, befahl sie. Ich ahnte Karls Grinsen in Monas Arm. Seither schäme ich mich also und halte an meinem Vorsatz fest, Laufen und Familie strikt zu trennen.
Unlängst unternahm ich einen vorsichtigen Versuch, die nachhaltig gestörte Laufbeziehung zwischen mir und Karl zu reparieren. Tatsächlich stimmte mein Sohn zu, als ich ihn fragte, ob er mitkommen wolle, die Tartanbahn mit ein paar Tempoeinheiten zum Schmelzen zu bringen. Um jeglichen Konflikt zu umgehen, schlug ich getrennte Programme vor: Ich wollte mir die Killerpyramide mit 500, 1000, 2000, 1000 und 500 Metern geben, Karl sollte jeweils die Hälfte machen.
Ich spürte seine bewundernden Blicke, als ich in gestrecktem Galopp, technisch wie stilistisch einwandfrei, über die Bahn raste. Karl dagegen spulte seine Strecken eher lustlos ab. Als der letzte 500er drohte, stand mein Sohn plötzlich neben mir. »Sollen wir zusammen laufen, Papa?«, fragte er. »Aber nur, wenn du bei Mama nachher keine Leidensshow abziehst«, sagte ich. Karl nickte.
Ich drückte so lange an den Knöpfen meiner Hochtechnologieuhr herum, bis sie zufällig auf null stand. »Und ab«, sagte ich ka-

meradschaftlich. Karl wetzte schon auf den ersten Metern viel zu schnell. Ich lächelte und ließ ihn leicht davonziehen. So sind sie, diese Jungspunde. Rennen los wie die jungen Hunde, um gleich darauf einzugehen. Keine Ahnung von Kraftökonomie und Renntaktik. Auf den letzten 100 Metern würde ich ihn einholen und dramaturgisch wertvoll in einem Fotofinish besiegen. Das würde ihm eine Lehre sein.

Nach 300 Metern hatte er einen deutlichen Vorsprung. Bis hierhin war der Bengel schnell gewesen, keine Frage. Mir war leicht schummerig. Oberhalb von 15 Stundenkilometer wird mir immer schlecht. Ich pumpte wie ein Blasebalg. Karls Einbruch musste jeden Moment kommen. Mit Mühe erhöhte ich mein ohnehin schon unmenschliches Tempo. Ich rannte weit jenseits des roten Bereichs. Doch der Rotzlöffel zog ebenfalls an. Ich überlegte, mit einem Schrei auf den Rasen zu kippen und einen Muskelfaserriss vorzutäuschen.

Noch 50 Meter. Karl lag uneinholbar vorn. Diese Mistkröte. Das hatte er absichtlich gemacht. Kein Respekt vor dem Alter. Als ich mich über die Linie schleppte, stand er am Rand, sein Klatschen klang höhnisch. Er lachte und schnaufte nicht mal. Ich kollabierte noch auf der Bahn. Vor lauter Atemnot vergaß ich, mir eine halbwegs überzeugende Ausrede zurechtzulegen. »Alles klar, Papa?«, fragte Karl besorgt und wollte mir aufhelfen. Warum nur muss Altwerden so wehtun?

# 52.
# HAUFENWEISE FIESE KÖTER

*Die Silvesterparty ist gut überstanden. Auf zu neuen Ufern. Warum nicht eine schöne Runde laufen? Gute Idee. Ab in den Park. Aber was ist das? Überall Vierbeiner, die Jagd auf Zweibeiner machen. Achim ist genervt und sinnt auf Rache.*

Die schönste Laufzeit des Jahres ist der Neujahrsmorgen. Ein paar Taxis eilen durch eine rotkäppchenvernebelte Stadt, um die letzten Feierleichen nach Hause zu bringen. Walker vertilgen daheim die kalten Reste vom Silvestermenü und lecken anschließend die Platten sauber. Berlin liegt in sauer und lässt mich in Ruhe laufen. Fast.
Denn es gibt eine Bevölkerungsgruppe, die genau diesen himmlischen Frieden schamlos ausnutzt. Es sind die gleichen Zeitgenossen, die sonst nur nach Einbruch der Dunkelheit um die Häuser schleichen, oder sehr früh morgens. Sie suchen das Dunkel, denn sie wissen, dass sie Unrecht tun. Aber sie können es nicht ändern. Denn das einfältige Wesen am anderen Ende der Leine muss dringend an den Baum. Leider sind um diese Tageszeit deutlich mehr Hunde unterwegs, als es Bäume gibt.
Was ist das für ein Jahr, das keine neun Stunden alt ist, bis die erste vierbeinige Kotmaschine vor mir hockt, in einer Stellung, in der ich nie gesehen werden möchte? Zwar glotzt das Hundilein peinlich berührt, weil es mitten in der schönsten Druckphase er-

wischt wurde, lässt sich aber nicht davon abhalten, einen satten Spiralhaufen, drei Umdrehungen hoch, direkt vor unsere Haustür zu setzen. Herrchen ist sicherheitshalber schon mal 100 Meter vorausgeeilt. Dann klingen ihm meine Verwünschungen nicht ganz so laut in den Ohren. Ich will die Töle treten, aber da huscht sie auch schon davon. Der Hundefänger soll dich holen, Mistvieh. Und stramm gefesselt nach China schicken, am besten vorgekocht und tiefgefroren.
Der großstädtische Hundebesitzer weiß genau, dass er von seinen hundelosen Mitbürgern verachtet wird. Wer dem Köterkult anhängt, der hat Kontaktprobleme und braucht jemanden zum Herumkommandieren. Das Tier ersetzt Partner, Kind, Hobby und Lebenssinn. Leider auch eine anspruchsvolle Unterhaltung. Wann immer eine Reportage aus sozialen Brennpunkten gesendet wird, laufen schlecht erzogene Kläffer durchs Bild.
Nicht alle Hunde haben einen Problembürger als Herrchen. Aber fast jeder Problembürger hat einen Hund. Und am Neujahrsmorgen sind sie alle draußen. Sie wähnen sich sicher vor Blicken und Flüchen. Am schlimmsten ist es am Schlachtensee. Natürlich herrscht Leinenpflicht. Aber Hundehalter können nicht lesen. Und die Viecher können einen Weg nicht vom Unterholz unterscheiden.
Also wetzen sie kreuz und quer. Mit dem Effekt, dass der vor sich hin meditierende Läufer einen Heidenschreck bekommt, wenn es plötzlich knackt im Dickicht. Walker? Wildschwein? Oder Waldi? Meistens ist der Hund die schlechteste aller Überraschungen. Denn er will Fangen spielen mit dem Onkel, der so nett ist und wegläuft. Oder einfach mal schnuppern, weil die Mischung aus Alt- und Neuschweiß, Massageöl sowie Hirschtalg gegen Reibeschmerz ihn offenbar an aufregende Momente im Wald erinnert.
Wirklich interessant, wie unterschiedlich man einen neugierig schnüffelnden Hund wahrnehmen kann. Der Hundeführer zum Beispiel versucht ein Lachen, so, als sei es putzig, wenn sich wild-

fremden Menschen eine kalte, nasse Hundeschnauze in den Schritt presst. »Der beißt nicht«, sagen sie dann, was als Nachweis für gute Erziehung verstanden werden soll. Die Übersetzung heißt: Sie haben Glück. Er mag sie. Ist es nicht toll, einen Hund als Freund zu haben?
Nein, ist es nicht, denkt sich der Läufer. Er interpretiert schnuppernde Fiffis ganz anders. Erste, zweite und dritte Reaktion: Angstangstangst. Was will die Bestie? Wie kann ich verhindern, dass mein Körper innerhalb von Millisekunden Angsthormone ausstößt, die dieses hässliche Tier sofort riecht? Schon wird er sich überlegen fühlen und einfach mal zum Spaß nach genau jenen Körperteilen schnappen, die ihm vor der Schnauze baumeln.
Dummerweise ist sein Fletschmaul in der gefährlichsten aller Höhen angebracht. Pfeif dieses Wesen einfach zurück, Hundebesitzer. Und verschwinde, so schnell du kannst samt Töle. Ich will nicht gemocht werden, schon gar nicht von Hunden. Ich bin auch kein Tierfreund. Ich will einfach nur laufen. Alleine. Wenigstens am Neujahrstag.

# 53.
# INMITTEN AUTISTISCHER DRÖHNSCHÄDEL

*Früher hörte man beim Laufen das Singen der Vögel und das Keuchen der Walker. Heutzutage schert sich der Jogger nicht um seine Umwelt und kreist in seinem iPod-Universum. Achim Achilles ist verzweifelt.*

Mona erhört mich nicht. Bestimmt hat sie wieder diese Dinger im Ohr. Die ganze Familie hat Dinger im Ohr. Deswegen hört mich auch keiner, nicht mal, wenn ich brülle, so wie jetzt. Es sind verzweifelte Hilferufe. Denn ich liege mit einer Quarkpackung gefesselt auf dem Sofa. Vorübergehende Invalidität. Nichts Ernstes. War wohl nur etwas viel, die Gewalttour durch den Wald am Wochenende.
Nun ist das Knie dick. Und Mona hat mir ein halbes Pfund Milram auf die Schwellung geklatscht, ein Küchenhandtuch darum gewickelt und mich im Wohnzimmer zwischengelagert. Wenn ich mich bewege, matscht der Quark in unsere gute Stube. Also liege ich still und brülle laut. Ich höre Mona in ihrem Arbeitszimmer rumoren. Wahrscheinlich räumt sie die Spülmaschine aus. Dabei trägt sie neuerdings diese Dinger im Ohr, die mit einem iPod verkabelt sind, der wiederum an irgendeinem Textilbündchen klipst.
Monas derzeitiger Tophit: »Give it up« von KC and the Sunshine Band. Leider hoppelt meine Gattin nicht nur wie ein arthriti-

sches Kaninchen zur Musik, sondern singt auch noch mit. Obwohl: Singen kann man das Gejaule nicht direkt nennen. Es ist eher das zufällige Aneinanderreihen von Urlauten, durchsetzt mit Silbenfetzen, die an das Englisch von Paul Gascoigne erinnern. Fehlt die Kontrolle durch das eigene Gehör, gerät eben auch der schönste Sopran zum Bremsenquietschen.

Parallel dazu tönt aus Karls Zimmer ein Gejohle, das aufs Unerträglichste mit dem Gewummer von Linkin Park korrespondiert. Die Dezibel sind zu viel für die jugendlichen Gehörgänge und drängen deshalb an den Ohrenknöpfen vorbei an die frische Luft. Hilflos Lärm und Schwerhörigkeit ausgesetzt, bin ich Opfer der verstöpselten Gesellschaft. Was bislang nur dem öffentlichen Raum zusetzte, hat jetzt auch meine Familie erreicht. Und ich komme nicht aus dem Quark.

Inzwischen hat die Technologiestaffage, die bislang vor allem Herren aus dem mittleren Management auf Flughäfen zur Schau trugen, die Laufstrecken der Republik erreicht. Mit Stöpseln, Bügeln und bisweilen auch pfundschweren DJ-Halbkugeln stampft der Läufer durchs Unterholz, mancher hat sogar noch eine Freisprechanlage fürs Handy an den Löffel geflanscht.

Wie die Dauerdröhnung der Menschheit zusetzt, lässt sich auf den Laufstrecken Berlins prototypisch beobachten. Früher genossen wir das Zwitschern der Vögel, das Keuchen der Walker und interpretierten das nahende Kläffen in unserem Rücken zu Recht als kommende Attacke durch eines von vielen schlecht erzogenen Hundeviechern. Seit kaum ein Läufer noch ohne schmalzschwere Ohrenknöpfe aus dem Haus geht, ist aus einer einst kommunikativen Sportgemeinschaft ein Haufen autistischer Dröhnschädel geworden. Alle starren vor sich hin, manche summen wie polytoxikomane Hummeln, und einige kleben bereits vor dem Laster, weil sie beim Überqueren der Straße das nahende Röhren schlichtweg überhört haben.

In einer der besten Szenen bei Asterix stopfen sich die römischen Legionäre büschelweise Petersilie in die Ohren, um sich vor dem

Gesang des Barden Troubadix zu schützen. Heute prügeln sie sich Gekreische freiwillig in die Lauscher, um den akustischen Teil der Realität auszublenden.

Nahte früher eine schöne Gazelle, konnte man ihr noch ein charmantes »Na, schon so früh auf den schnellen, schönen Beinen ...« entgegenhecheln und bekam zum Dank ein flüchtiges Lächeln geschenkt, manchmal jedenfalls. Heute schauen die Damen konsequent nach innen, als lebten sie in ihrem iPod, und sind durchweg unempfänglich für Komplimente – selbst wenn man sie in Zeichensprache für Hörgeschädigte vorzutragen versucht.

Weil die Gattin meine Hilfeschreie noch immer nicht erhört hat, hüpfe ich auf einem Bein Richtung Küche und ziehe eine Spur Quarkbällchen hinter mir her. Als Mona mich und den Quark sieht, reißt sie die Stöpsel aus den Ohren und will gleich lospoltern. Ich hebe die Hände in die Luft wie ein gestellter Schwerverbrecher im Angesicht des Sondereinsatzkommandos. »Sag doch was«, keift meine bessere Hälfte. »Habe ich ja«, entgegne ich. Man fühlt sich sehr einsam und missverstanden als letzter Mensch auf dieser Welt, der von seinem Recht auf unverstopfte Ohren Gebrauch macht.

# 54.
# GEISTERLÄUFER AUF DER TARTANBAHN

*Auch im Winter läuft Achim gnadenlos draußen und auf Leistung. Die schlechte Nachricht: Zu dieser Jahreszeit riskiert man Kopf und Kragen. Denn nicht jeder kennt die Regeln für eine klassische deutsche Stadionrunde im Dunkeln.*

Der Winter ist ein grausamer Geselle. Er zwingt den Läufer zu widernatürlichem Tun. Wer begibt sich schon freiwillig in Dunkelheit und Kälte, die beiden größten Feinde der Menschheit? Nur Hunger ist noch schlimmer. In einem seltenen Anfall von Selbstbeherrschung habe ich heute einen Dominostein mit unserem japanischen Rasierklingenmesser in sechs Teile seziert, das einzelne nicht mal fingernagelgroß. Jedes Stück habe ich etwa drei Minuten im Mund behalten, möglichst ohne Zungenkontakt, um es nicht vorschnell schmelzen zu lassen. Neuer deutscher Rekord im Dominosteinlutschen: 18 Minuten.
Diät ist, wenn man trotzdem läuft. Egal, ich ziehe das jetzt durch. Mona und Karl sind Pizza essen. Ich nicht. Böse Kohlenhydrate, pfui Spinne. Ich bin um 19 Uhr zum Hubertus-Sportplatz gefahren. Das Tor war noch offen. Ein paar Fußballer tollten über den Rasen. Kicker sind harte Genossen, die wälzen sich auch auf eisigem Rasen. Na ja, andererseits keine Kunst, wenn einem einige Hirnregionen fehlen. Ein allein stehender Flutlichtmast warf sein Restlicht auf die Laufbahn.

Ich sah nichts, außer dem schimmernden Eis in den Kurven. Meine blöde Polar-Uhr litt an Beleuchtungsmangel infolge chronischer Batterieschwäche. Langsam trabte ich meine Runden. Der warme Duft von Weihnachtsplätzchen drang aus einem der umliegenden Häuser. Irgendwo knisterte ein Kamin. In der Ferne heulte ein Wolf. Hunger, Kälte, Einsamkeit – nie ist der Läufer auf der Tartanbahn einsamer als in einer Winternacht.
Als sich meine Augen an die Dunkelheit gewöhnt hatten, traute ich ihnen nicht. Da waren wirklich noch andere Verrückte. Auf dem oberen Ring schlurfte ein Pärchen, er mit einer spärlich funzelnden Stirnlampe, sie leise, aber ununterbrochen quasselnd. 50 Meter vor mir auf der Innenbahn stampfte ein Laufdiesel. Plötzlich erbebte die Erde. Auf Bahn zwei kam mir ein monströses Wesen in gelber Regenjacke entgegen. Ein Geisterläufer, der offenbar nicht kapiert hatte, wie herum man auf einer ordentlichen deutschen Laufbahn trottet, erst recht bei Nacht.
Der Dicke war nicht schnell, dafür dampfte er gefährlich aus seiner luftdichten Verpackung. Vielleicht ein Sumo-Ringer. Ich lief anmutig, gleichwohl locker meine Aufwärmrunden. Pro Runde begegnete mir der Dicke bis zu drei Mal, was rechnerisch bedeutete, dass ich etwa, also ungefähr, auf jeden Fall deutlich schneller war. Er nervte fast so wie der Plätzchenduft. Manchmal schien der Koloss zu taumeln. Was würde passieren, wenn er auf meine Bahn geriet? Ich wollte mit dem Mops nicht kollidieren.
Vielleicht suchte das Regenjackenmonster Streit? Womöglich ein entlassener Strafgefangener, der jahrzehntelang Hofrunden gegen den Uhrzeigersinn absolvieren musste und es jetzt, endlich in der Freiheit, genoss, andersherum zu laufen. Oder ein Kannibale, der seine Opfer an sich vorbeilaufen ließ, um sich unversehens das fetteste zu schnappen. Das war zweifelsfrei ich. Ich bekam es mit der Angst zu tun.
Paff, da erlosch der Scheinwerfer vom Fußballplatz. Die Kicker hatten sich scherzend Richtung Kabine verabschiedet. Die Bahn lag im Dunkeln. Das Monster nahte. Das war am dampfenden

Atem am Anfang der Gegengeraden eindeutig zu erkennen. Ich überlegte, ob ich auch die Richtung wechseln sollte. Die anderen Schattengestalten schienen verschwunden. Vielleicht hatte es sie schon verspeist.

Papperlapapp, Achilles, du hasenfüßiger Schwachmat. Bist hier, um fünfmal 1000 Meter zu absolvieren. Bei der nächsten Startlinie legte ich los, Nummer eins. Nachts laufen ist anstrengender als bei Tageslicht. Die Bahn ist weicher. Die Dunkelheit voller Widerstand. Zweimal war mir das Monster bis zur ersten Zwischenzeit entgegengekommen. Es starrte mich hungrig an. Bei 500 Metern 2:17 Minuten. Auweia. Schwaches Bild.

Beim dritten Kilometer war er plötzlich verschwunden. Kein Gegenverkehr mehr. Ich lief einen letzten Tausender, den alleinsten, aber schnellsten meines Lebens. Wo war der Moppel? Lauerte er im Gebüsch? Ich spurtete zum Auto. Verdammt, das Tor war zu, eine Falle. Ich erklomm den Zaun. Ratsch. Die Hose hatte sich an einer Zinke verfangen. Sprint zum Auto. Tür auf, rein, Knopf runter. Puuh, geschafft. Die Angst verflog langsam. Dafür kam der Hunger wieder.

# 55.
# DER KNUT VOM GRUNEWALD

*Achim liebt alte Treter. Jeder Schuh erzählt eine Geschichte, von Leid, von Sieg, von Zweisamkeit zwischen Läufer und Material.*

Laufschuhe sind wie Eisbären. Wenn sie blütenweiß strahlen wie Flocke aus Nürnberg, dann sind sie Babys: langweilig süß, voll athletischer Unschuld, ohne jeden Kilometer des Lebens auf der Uhr. Erst Knuts Arbeitergrau signalisiert den Wandel vom langweiligen Statussymbol zum strapazierten Fußwerkzeug des Straßenkämpfers: Ich bin härter, gefährlicher und vor allem schneller, sagt der Schuh. Ich habe mich mindestens durch ein Jahr gequält, Schlurfschritt für Schlurfschritt. Ich bin der Knut vom Grunewald. Komm mir nicht zu nah.
Letzten Samstag tänzelte Klaus Heinrich mit frischen Schuhen zum Lauftreff an. »Hab ich neu«, protzte er. »Ach nee«, sagte ich. »Technologisch ganz weit vorn mit Pronationsmittelbrücken-Leichtbautechnologie«, dozierte er aus dem Prospekt. »Sehen aber mandymäßig aus«, entgegnete ich, »warum haste nicht das Preisschild dran baumeln lassen?« Klaus Heinrich überlegte beleidigt. »297 Gramm«, sagte er plötzlich triumphierend, »sind bestimmt leichter als deine.« Ich schüttelte den Kopf und zeigte ihm meine Sohlen. »Ich hab schon mindestens 50 Gramm vom Profil abgelaufen.«

Langsam kapierte mein Laufpartner: Jeder Schuh erzähle eine Geschichte. Die Geschichte vom neuen Schuh ist leider ziemlich kurz und langweilig: kein Training, kein Schmerz, kein Krampf, schon gar kein Wettrennen. Stattdessen ein provisionsgieriger Verkäufer, der wieder mal einem Gutgläubigen alle Dämpf- und Stützflunkereien aufgebunden, seine Kreditkarte geschnappt und ihm dafür einen Pappkarton mit zwei seelenlosen Hüllen überlassen hat.

Neuware riecht nach Plastik, der Schmutzschuh nach Charakter. Mit jedem Tritt hat er sich seinem Besitzer angepasst, schweigend Schweiß und Blut aufgenommen, ihn durch Matsch und Regen die Berge hinaufgetragen, spürte außen Tartan und Wurzelwerk und innen nachlässig geschnittene Fußnägel, quetschte seine Millionen Luftbläschen unermüdlich zwischen Fußsohle und Erdboden. Gute Schuhe klagen nie, sondern machen ihren Job.

Die meisten Läufer haben mit ihren Lieblingstretern mehr, vor allem aber eine glücklichere Zeit verbracht als mit dem Ehepartner. Denn Schuhe geben keine Widerworte. Sie sind einfach nur da. Laufschuhe wollen weder Schuhe kaufen noch Emotionsgespräche führen. Bisweilen quietschen sie leise oder schmatzen verhalten. Stilles Einvernehmen. Wie Verliebte am ersten Tag.

Oft betrachte ich sie versonnen, wie sie sich da in unserem Schrank kuscheln: die zerwetzten Lightweights aus jenen Tagen, als man noch an Bestzeiten glaubte. Klobige, aber gutmütige Dicksohlen, welche die Angst vor den langen Läufen mildern sollten, wenn sie auch erfolglos blieben. Oder die auf Sockendünne zerlaufenen Allrounder, die immer dann zum Tragen kommen, wenn man sich so durchschnittlich fühlt wie meistens. Wie fremd wirken junge weiße Fohlensohlen zwischen all diesen Hengsten der Rennbahn?

Mona sagt, fast alle meine schnürbesenkelten Freunde gehörten auf den Sondermüll. »Nur wenn ich deine Schuhe auch wegwerfen darf«, antworte ich. Dann ist wieder vier Wochen Ruhe. Zu derlei Geschichtslosigkeit sind nur Frauen fähig. Wer schon keine große sportliche Vergangenheit hat, dem bleibt wenigstens sein Brooks Axiom, der den Kilometer einst unter vier Minuten schaffte, auch wenn er mit dem Loch vorne links und der lappenden Sohle schon etwas gebrechlich aussieht. Wer Laufschuhe entsorgt, der schmeißt auch Fotoalben weg.

Klaus Heinrich jedenfalls hat beim Laufen kein Wort mehr über seine Paradepuschen verloren. Stattdessen ist er zickzack in jedes Matschloch getreten, das auf unserem Weg lag. Nach einer Stunde blitzte das Weiß kaum noch durch. Wird Zeit, dass Straßenschmutz aus der Sprühdose erfunden wird. Das erspart die Peinlichkeit, in neuen Schuhen herumzulaufen.

# 56.
# TÜCKISCHER SOCKENROST

*Strümpfe sind teurer als so manches Edelmetall. Rund einen Euro kostet das Gramm Hightech-Socke. Dabei sind die kostbaren Dinger nur kurz einsetzbar: Denn ihr strahlendes Weiß verlieren sie schon beim ersten Einsatz.*

Nach landläufiger Meinung sind ja Laufschuhe besonders teuer. Oder Nahrungsergänzungsmittel wie unser geliebtes Guarana-Power-Gel. Konsultiert man allerdings die Briefwaage, wird schnell klar, wo sich die wirklichen Kostentreiber verstecken. Ein Schuh von 400 Gramm kostet 60 Euro das Stück, macht 15 Cent pro Gramm Hightech-Schaum. 40 Gramm Gel zu zwei Euro, macht ganze 5 Cent für ein Gramm Turboschleim.

So. Und jetzt legen wir mal Socken auf die Waage, Ultraleichtmodell, nagelneu, zu fast 20 Euro das Paar. Wiegt genau so viel wie ein dicker Normalbrief: 20 Gramm. Skandal. Ein Gramm Socke kostet einen Euro. Nur wenige Edelmetalle sind teurer, rosten aber nicht. Socken dagegen ergrauen. Und zwar sofort nach dem Kauf. Tückischer Sockenrost.

Es ist ja so, dass die perfekte Läufersocke weiß sein muss, blütenweiß. Das Strumpfkartell nutzt diesen Weißheitsdruck nun, uns mit perfidesten Verkaufstricks zu permanentem Neukauf zu bewegen. Zum Beispiel, wenn sich die letzten Turbostrümpfe einfach aufgelöst haben. War wohl doch keine gute Idee, die Dinger

nach einem staub- und schweißreichen Waldlauf eine Nacht lang in Entfärber zu legen. Diese Hightech-Fasern sind genauso empfindlich wie italienische Fußballer. Am nächsten Morgen jedenfalls, beim In-Form-Zerren, hielt ich plötzlich zwei Sockenhälften in den Händen. Weiß waren sie nicht, dafür kaputt.
Mein Versuch, den hausfraulichen Ehrgeiz der Gattin zu wecken (»Schatzi, guck mal, das ist doch eine echte Aufgabe für dich und deine geschickten Finger ...«), endete damit, dass Mona die Fragmente kommentarlos in den Müll warf, Restmüll übrigens, denn die Plastikdinger haben eher Dioxin als einen Grünen Punkt. Verdorren auf dem Kompost in 1000 Jahren nicht. Mein Selbstversuch hatte bewiesen: Es braucht 120-prozentige Entfärbersäure, um sie kleinzukriegen.
Also her mit neuen Angebersocken. Powershopping statt Temporunning. Statt 20 mal 400 Meter auf der Bahn heute eben 30 Mal ums Sockenregal geschlichen. Welches Modell nehmen wir denn diesmal? Reinweiß? Mit zartgrauen Einsätzen? Oder diese bunten Tukan-Teile? Sonderangebote gibt's auch. Leider nur in Größe 32 oder 52. Egal, trotzdem zwei Paar. Socken kann man ja nie genug haben. Erhabene Momente an der Kasse. Das Ehepaar mit der Walker-Ausrüstung guckt neidvoll auf meine edle Fußbekleidung. Tja, ihr Moppel, so was dürfen nur richtige Läufer anziehen.
Schon auf dem Weg nach Hause geschehen allerdings wundersame Dinge. Was im fahlen Licht des Fachgeschäfts wie ein Polarschneeweiß ausgesehen hatte, hat sich im Dunkel der Tüte in leichtes Grau verwandelt. Zu Hause entdecke ich außerdem diesen Flecken, genau am Knöchel, mitten auf dem schmalen Sichtstreifen. Die Socke darf ja nicht zu hoch sein. Ästhetik und so. Engagiertes Bearbeiten mit Topfschwamm und Spüli. Mist, der kleine sehr dunkle Fleck ist zwar etwas heller geworden, dafür aber sehr viel größer.
Das retten wir noch. Vor dem Tragen müssen die Dinger sowieso in die Waschmaschine, den Fingerschweiß der Walker rauswa-

schen, die meine Socken im Laden heimlich berührt haben. Unsere kleinen Freunde bekommen eine Privatfahrt in der Trommel. Ökonomisch ist es nicht. Aber letztes Mal war eine weiße Bluse von Mona dabei, die auf meinen Spezialweißwaschgang ähnlich reagiert hatte wie Socken auf Entfärber. Dabei habe ich extra einen Schuss Edelshampoo der Gattin dazugegeben. Und einen Schuss Spülung: »Erhält die Farbe«, das steht auf der Flasche. Und dann noch eine Tasse von diesem Oxy Superplus. Fertig ist der Colgate-Cocktail. In der Kanalisation wohnen eh zu viele Ratten.

Wirklich weiß sind sie trotzdem nicht geworden. Irgendwas stimmt da nicht. Jede Wette, dass das Sockenkartell in seinen geheimen Labors eine Spezialfaser mit Autograu entwickelt hat. Sobald das Sockenpaar den Kontakt mit dem Spezialständer im Geschäft verloren hat, beginnt es unaufhaltsam zu dunkeln. Vielleicht waren 60 Grad auch zu wenig. Oder ich habe am falschen Ende gespart und zu wenig vom Oxy-Kram reingetan. Vielleicht muss auch ein Schuss Alpina Wandweiß ins Waschwasser. Irgendwie müssen die Biester doch wieder weiß zu kriegen sein.

Einen Vollwaschgang gebe ich den kleinen Biestern noch. Sonst trage ich die Reste zurück zu Sveni in den Ausdauertempel. Und wenn er sich weigert, sie umzutauschen, werde ich einen Musterprozess führen, gegen das Sockenkartell. Läufer haben ein Grundrecht auf weiße Strümpfe.

# 57.
# HELDEN DER SOCKEN-SAGA

*Die Socke ist der Spiegel der Läuferseele: Zeige mir deinen Strumpf, und ich sage dir deine Zehn-Kilometer-Zeit. Eine kleine Typologie der Socken und ihrer Träger hilft Neulingen wie Fortgeschrittenen, den geheimnisvollen Kosmos des Sock 'n' Roll zu verstehen.*

**Der Hightech-Socken-Träger**
Er spielt die Strumpf-Karte. Wer kennt nicht dieses erhebende Gefühl, mit einem Paar frischer Füßlinge aus dem Sortiment eines deutschen Markenherstellers zur Kasse im Ausdauertempel zu gehen. Ja, es schmerzt natürlich, wenn Sveni mal eben 23,95 Euro für wenige Quadratzentimeter Material aus der Raumfahrtforschung aufruft. Aber dort, wo die hochsensible Schnittstelle Fuß-Faser-Schuh vor sich hin feuchtet, muss es einfach Hochtechnologie sein: kernige Stützfasern hier, Fersenverstärkung da. Neulich Socken mit Silberfäden gesehen. Klingt ja toll, aber piekt wahrscheinlich ziemlich bald. Kompetenzversprechen wie »High Performance« oder »Seamless superfit« wecken in jedem Hobbyläufer diese wohlige Ahnung, dass ausgerechnet diese und nur diese Socke eine neue Bestzeit möglich macht. Nichts ist stabiler als der Aberglaube, mit teurem Equipment mangelnden Trainingsfleiß kompensieren zu können. Kämpft seit Jahren darum, die 50-Minuten-Schallmauer über zehn Kilometer zu durchbrechen.

**Der Purist**
Manchmal braucht man objektiv ein neues Paar. Der Purist wählt das Modell reinweiß, ohne jedes Gedöns. Keine Tennislehrer-Streifen, keine Überlänge, allenfalls ein winziges Markenemblem. Dann läuft er einfach weiter, zehn Kilometer meistens locker unter 40 Minuten.

**Der Grauganter**
Meistens Single, männlich. Hat noch nicht kapiert, dass seine Waschmaschine mehr als dieses eine 40-Grad-Programm hat, mit dem er seit Jahren alles zusammen wäscht, aber höchstens alle drei Wochen, weil die Maschine früher nicht voll ist. Jeans, Bett- und Unterwäsche, schwarze wie weiße Hemden und eben auch Laufsocken haben alle die Einheitsfarbe Leberwurstgrau. Ist noch nie zehn Kilometer am Stück gelaufen.

**Der Tennislehrer**
Orientiert sich in Modefragen bis heute an der Ästhetik des Siebziger-Jahre-Pornos. In diesen lustigen Filmen trugen die Männer ausschließlich Frotteesocken mit zwei bis drei bunten Ringeln. Konservative Typen tragen schwarz-rot, FDP-Wähler blau-gelb und Verwegene gelb-grün. Zumindest ökonomisch eine vernünftige Entscheidung. Bis heute ist das Fünferpack Frotteeschläuche auf dem Wochenmarkt für den Preis von zwei Gelbeuteln zu haben. Und sie halten ewig, wenn man sie nicht zu häufig wäscht. 45 Minuten auf zehn Kilometer.

**Der Ströbele-Gedächtnissockenträger**
Entstammt der gleichen Generation wie der Tennislehrer und hat das Waschverhalten des Grauganters, allerdings bei halbierter Häufigkeit. Hält Frottee für zu fortschrittlich, würde am liebsten Jutesocken tragen. Die gibt es aber nicht. Also Wolle, möglichst grob, möglichst farbneutral, möglichst handgearbeitet, möglichst lang, damit man die lila Jogginghose reinstopfen kann. Vor allem im Sommer macht allein der Gedanke an die mikrobiologischen

Prozesse im Feuchtraum Schuh, Wollsocke, Fuß- und Zehennagelruine den Mitläufer bewusstlos. Lehnt Laufwettbewerbe als kapitalistisch ab, Uhren sowieso.

### Die Freak-Socke
Ist superkurz, hat dafür hinten über der Hacke eine breite Kante, damit sie bei Dauerbelastung nicht in den Schuh rutscht. Sieht aus wie ein Strumpf mit Schirmmütze. Frage für die nächsten Monate: Setzt sich dieses Modell im Breitensport durch oder bleibt es Freaks aus dem Tri-Kosmos vorbehalten? Zwischen 34 und 72 Minuten auf zehn Kilometer.

### Der Jux-Socken-Freak
Ein Sportsfreund, der durch auf- und fortgesetzte Heiterkeit jede Laufgruppe am frühen Samstagmorgen zur Raserei bringt. Trägt die Familie Feuerstein, Daffy Duck oder Garfield auf der Socke. Eigentlich will er gar nicht laufen, schon gar nicht schnell, sondern einfach nur unter Menschen sein. Hält sich für einen begnadeten Entertainer, weil er jedes Mal wieder den Witz anbringt: »Kommt 'n Läufer beim Arzt ...« Fantasie der Mitläufer: Fesseln, mit den eigenen Socken knebeln und irgendwo tief im Wald ablegen. Daher können zehn Kilometer bis zu 24 Stunden dauern.

# 58.
# RENAISSANCE DES STÜTZSTRUMPFES

*Bislang hat Achim Achilles auf Kniestrümpfe beim Laufen verzichtet. Doch sein Dauerrivale beweist, dass die Spezialsocken doch für bessere Zeiten gut sind. Muss Achim jetzt auch zum Kompressionsdoping greifen?*

Als Klaus Heinrich aus seinem klapprigen Saab stieg, warf er zuerst die Beine nach draußen so wie Verona Feldbusch. Ich traute meinen dem Sonntagmorgen angemessen verschwiemelten Augen nicht. Wo früher dicht behaarte Männerwaden glänzten, saß nun jeweils eine schwarze Elastikpelle. Langsam bewegte sich auch der Rest meines Laufpartners aus dem Auto. Besitzerstolz funkelte aus seinem Blick. »Hab ich neu«, sagte er. »Ach nee«, sagte ich. »Warste in Japan auf Dienstreise? Da kann man sich ja angeblich getragene Schulmädchenkniestrümpfe aus Automaten ziehen. Ein karierter Faltenrock stünde dir bestimmt gut zu den Socken. Und Lackschuhe. Gibt's ja vielleicht mit Pronationsstütze.«
Klaus Heinrich schnaubte verächtlich. »Entschieden wird auf'm Platz«, murmelte er. Auweia. Unser Auslauf zum Ende der Saison, den ich eher gemächlich anzugehen gedachte, sollte vom ersten Meter an eine Schlacht werden. Klaus Heinrich rannte los wie ein Irrer, versuchte dabei aber zugleich, anmutig zu schreiten. Seine neuen Strümpfe hatten ein neues Wesen aus ihm gemacht, aber leider kein besseres.

Der Storch gehört zur Familie der Schreitvögel. Er ist leicht zu erkennen an seinen dünnen roten Beinen. Manchmal macht er komische Geräusche. Der modebewusste Läufer gehört zur Familie der komischen Vögel. Er ist zu erkennen an seinen weißen, wahlweise schwarzen dünnen Beinen. Er macht auch komische Geräusche, wahrscheinlich, weil es schmerzt, wenn die Waden langsam absterben.

In diesem Jahr geht ja kaum noch ein Ausdauersportler ohne Kompressionsstrumpf auf den Laufsteg. Mit dem kühnen Blick des Avantgardisten federn die Trendsetter also durch das Unterholz, gucken verächtlich auf alle Kurzsockenträger, zu denen sie bis vor wenigen Wochen selbst gehörten, und warten auf die Leistungsexplosion. Es sind die gleichen, die sich ein paar Jahre zuvor Haushaltspflaster zu Mondpreisen auf den Nasenrücken klebten.

Fernando, der Arzt meines Vertrauens, murmelte nur etwas von »Voodoo und Räucherstäbchen«, als ich ihn fragte, ob solche Socken eventuell doch hilfreich seien. Aber wer sich durch alle Mineralstoffe gefuttert, alle Pillen und Zaubertränke probiert hat, Gummikeile in die Schuhe geschoben, Salzkugeln gefuttert und Speed-Unterhosen getragen hat, ohne jemals die geringste Leistungssteigerung zu verspüren, der hat endlich eine neue Wunderwaffe.

Der Druckverband für die Waden soll angeblich das Blut schneller aus den Beinen pressen, wobei sich die Frage stellt, ob das Blut und mithin der frische Sauerstoff nicht auch schwerer wieder zurückfinden. Egal: Omas guter alter Stützstrumpf erlebt natürlich ausgerechnet in Läuferkreisen eine Renaissance. Keine andere Bevölkerungsgruppe ist derart bereit, jeden Unsinn zu glauben, solange auch nur das kleinste bisschen mehr Leistung zu vermuten ist. Nun also Kompression untenrum.

Das letzte Mal, dass wir einen solchen Strumpf in Riechweite hatten, war bei Tante Elfriede. Die Gute ist fast 90 Jahre alt und leidet an Krampfadern, die sich wie Feuerwehrschläuche über ihre Waden gelegt haben. Ihre Strümpfe verlegt sie so oft wie ihre

Brille. Leider hat sie deutlich mehr Strümpfe als Brillen. Überall in ihrer Wohnung liegen die aufgerollten Würste, eher schlabberig als elastisch, denn die meisten sind schon ein paar Jahre alt. Die Farbe? Strumpfpackungstexter würden »Champagner« dichten. In Wahrheit ist es der Farbton »Teewurst«.

Klaus Heinrich lief mit seinen Storchenstrümpfen so wie immer. Ich bildete mir allerdings ein, dass er etwas mehr hüpfte als sonst. Es ist eben der Kopf, der die Beine bewegt, und wenn einer meint, er trägt Wunderwaffen, dann läuft er schneller, ohne dass es mit den Strümpfen zu tun hätte. Genau das ist das Tückische an der Innovation. Faktisch hilft sie nicht, mental aber doch. Und schließlich ist man schneller.

Außerdem schneidet der Storchenstrumpf auch nicht so sichtbar ein wie die kleinen Söckchen. Und ganz so schlecht sehen sie wirklich nicht aus. Ich werde mir von Mona welche zum Geburtstag wünschen. Sie wird mit den Augen rollen. Jahrelang wollte ich keine Socken haben. Und jetzt plötzlich werde ich um welche winseln.

# 59.
# CURSUS INTERRUPTUS

*Laufen heißt, das Gemäkel des Partners für eine Weile zu vergessen. Mit Gesundheitsterror und Laufvorschriften wird jedes Training zur Qual: vor allem, wenn Massai-Schuhe verordnet werden.*

Neulich rief Klaus Heinrich an. Er wollte laufen gehen. Wie schön. Mein alter Wetz-Bruder war wieder aufgetaucht. Wochenlang hatte er sich nicht gemeldet. Gemeinsam hatten wir an einem hartnäckigen Virus gelitten: dem cursus interruptus – verschärfte Laufunterbrechung. Klaus Heinrichs Erklärung hieß Babsi. Seine erste Freundin seit Jahren. Junge Liebe bedeutet das Ende jeglichen Trainingsfleißes. Singles laufen, um schlank zu werden und ihren Hormonstau abzubauen. Erfahrene Partner wiederum laufen, um ihre Ruhe zu haben und endlich mal wieder ein Hormon zu spüren.

Gemeinsam geben sie eine ideale Laufgruppe ab: Single-Mann berichtet von den Mühen der Balz, Ehemann von Mona und dem gestrigen Streit beim Abendbrot, bei dem es mal wieder um eine dieser grundlosen Verstimmtheiten der Gattin ging, jene Basisbockigkeit, die alle Frauen in den Genen tragen. Der Gesprächsstoff reicht locker für 90 Minuten. Am Ende liefern wir beide uns dann ein packendes Finale, um den anderen von der Richtigkeit des eigenen Lebensentwurfs zu überzeugen. Und hinterher sind

wir froh, nicht in der Haut des anderen zu stecken. Laufen ersetzt endlose Therapiestunden.
Nur frisch Verliebte laufen nicht. Warum auch? Sie müssen nicht mehr in Form bleiben. Gründe zur Flucht haben sie vorerst auch nicht. Dass Klaus Heinrich anrief, war ein Zeichen einsetzender Beziehungsroutine. Schön zu wissen, dass es bei allen so ist wie immer. Wir trafen uns im Nieselregen. Klaus Heinrich hatte mindestens drei Kilo zugenommen. Er trug Dinger an den Füßen, die selbst bei genauem Hinschauen nicht als Laufschuhe zu identifizieren waren. Und er ging so verkniffen, als ob ihn eine verschleppte Hodenverschlingung quälte. »Los, zieh dir deine Renner an, lahme Ente«, rief ich mit unbegründetem Selbstbewusstsein. Klaus Heinrich blickte auf seine Treter. »Das sind die besten Laufschuhe der Welt«, entgegnete er und eierte an mir vorbei. »Ja klar«, sagte ich, »für das Hafenbecken von Neapel, nachdem die Mafia Beton reingegossen hat.« Klaus Heinrich lief los. »Glaub bloß nicht, dass ich dich zurücktrage, wenn du dir die Beine brichst«, höhnte ich.
Klaus Heinrich murmelte etwas von Massai. Nach verschärftem Nachfragen gestand er, dass Babsi, seine neue Flamme, ihm diese Wunderschuhe verordnet hatte. Total gesund. Eigentlich hieß sie Barbara, wollte aber »Babsi« genannt werden. Frauen, die sich freiwillig »Babsi« nennen, ist mit Vorsicht zu begegnen. Zwar klingt der Kosename vielversprechend verrucht, gleichwohl aber anstrengend. Vor allem, wenn es eine Babsi ist, wie sie Klaus Heinrich zugelaufen ist. Sie war im späten Fallout der Emanzipation aufgewachsen. Damals wurden Frauen »Babsi« getauft, nannten sich aber »Barbara«, weil sie nicht diskriminiert werden wollten, als Sexualobjekt. Heute wollen Barbaras freiwillig »Babsi« gerufen werden, um mal wieder als Frau wahrgenommen zu werden und nicht als asexuelle Gesellschaftsguerillera mit sibirischem Bürstenhaar. Eva Herman hieß früher bestimmt mal Hermann Evers. Es war dieser innere Schrei nach Liebe, der ihn bewog, sich umzubenennen, um als Vollweib nochmal ganz von vorn anzufangen.

Klaus Heinrichs Babsi jedenfalls hatte irgendwas mit Physiotherapie gelernt und kümmerte sich rührend um die Physis ihres neuen Opfers. »MBT« nannten sich die Kloben, die sie dem armen Kerl an die Füße gequatscht hatte: »Massai Barfuß Technologie.« Die halbrunde Sohle, wie ein halber Handball, zwingt den Läufer, den Fuß abzurollen. Wahrscheinlich von Massai abgeguckt, die sich ein Paar Laufschuhe gebastelt hatten, aus Treckerreifen. Das hatte irgendein weißer Schlaufuchs für eine besonders effektive Trainingsmethode gehalten.
Warum glauben wir immer an Geheimnisse von Buschmännern? Würden sie in Laubhütten wohnen, wenn sie wirklich so hyperinnovativ wären? Nach zwei Kilometern gab Klaus Heinrich auf. Wütend feuerte er die MBT ins Unterholz und setzte sich auf einen Baumstamm. »Weißt du, woran man erkennt, dass die Dinger nicht funktionieren?«, fragte ich vorsichtig, während ich die Schuhe im Laub suchte. Klaus Heinrich schüttelte den Kopf. »Weil noch nie ein Spitzensportler in diesen Dingern irgendwas gewonnen hat.«
Wir schlenderten zurück zum Parkplatz, Klaus Heinrich massaimäßig barfuß. Wir stellten uns vor, wie die Massai sich über uns beömmelten. Wir verabredeten uns für nächsten Sonntag, dann aber in richtigen Schuhen.

# 60.
# MASSAKER IM KLEIDERSCHRANK

*Läuferglück ist es, ein Finisher-T-Shirt heimzubringen. Als Arbeitsnachweis, Trophäe oder Erinnerungsstück. Irgendwann jedoch ist der Schrank voll. Nur wer entscheidet, was weg soll? Bei Achim macht Mona ordentlich Druck.*

Eine der düstersten Regionen jedes Ausdauersportlers ist der T-Shirt-Friedhof. Meine historische Sammlung beläuft sich auf einen knappen Kubikmeter. Seit Jahren gelingt es mir, immer neue Leibchen dazuzustopfen. Physikalisch ist das kaum möglich, da objektiv kein Platz mehr dazwischen ist. Aber es muss sein. Man bekommt ja bei jedem Feld- und Waldrennen ungefragt ein Hemd, meist in miesen Farben, dafür mit peinlichen Aufdrucken und immer in lausiger Qualität. Aber wegwerfen? Niemals.

T-Shirts sind wie Kaninchen – sie vermehren sich wie wild. Ich vermute, dass sich die Rückwand vom Schrank schon besorgniserregend beult; womöglich hat sie sich durch die Wohnungswand gearbeitet und die meisten meiner T-Shirts liegen beim Nachbarn. Aber er hat sich noch nicht gemeldet. Ich schaue nicht nach. Bloß keine schlafenden T-Shirts wecken.

Dabei bin ich seit Jahren entschlossen, dieses schwarzbunte Loch aufzuräumen. Aber es geht nicht. Wenn ich nur eines herausziehe, werden mir alle entgegenpurzeln. Und ich bekomme sie nie wieder so kunstvoll gestopft. Als Mona neulich Stauraum suchte für ihre beträchtliche und von mir finanzierte Wintergarderobe, wurde ich wieder mal auf mein textiles Endlager hingewiesen.

Sie (*fordernd*): »Du wolltest doch da aufräumen.«
Ich (*kleinlaut*): »Ja, klar, aber nicht jetzt, ich muss zum Training.«
Sie (*tückisch*): »Kein Problem. Ich mach das. Wenn du zurückkommst, wirst du den Schrank nicht wiedererkennen.«
Ich (*panisch*): »Aber Schatz, das ist doch nicht nötig. Ich kümmere mich darum, ehrlich.«
Sie (*lauernd*): »Und wann?«
Ich (*überzeugend*): »Nächstes Wochenende.«
Sie (*ärgerlich*): »Ich brauche den Platz jetzt.«
Ich (*verzweifelt*): »Na gut, heute Abend.«
Sie (*herrisch*): »Wenn du dich drückst, werde ich aufräumen.«
Ich (*flötend*): »Du kannst dich auf mich verlassen, Hase.«
Sie: knurrt.

Abends war es so weit. Ich hatte auf Zeit gespielt, die Spülmaschine ausgeräumt, Laufsocken gebügelt, die Wochenendzeitungen gelesen, sogar den Kulturteil. Ich hatte Mona auf schöne TV-Schnulzen hingewiesen. Aber sie ließ sich nicht ablenken. Für eine Frau ist Mona bemerkenswert ausdauernd.
Gegen 21 Uhr gab es kein Entkommen mehr. Sie stand hinter mir wie Olga, die kasachische Gefängnisaufseherin. »Hol mal alle raus«, rief sie mit trügerischem Kumpelton, »ich helfe dir beim Zusammenfalten.« Als ich am ersten zog (Berliner Halbmarathon 2004), kamen vier oder fünf ungebeten hinterher, darunter die unter Kennern sehr geschätzten Modelle »Volkstriathlon 2001« und »HEW-Cyclassics 2003«.
Der Schrank sah unverändert übervoll aus. Insgeheim hatte ich gehofft, durch geschicktes Ziehen ein Baumwollgewölbe im un-

teren linken Eck zu schaffen, einen Hohlraum, in den Mona dann einen ihrer Pullover hätte hineinstopfen können. Es wäre die letzte Chance gewesen, das nahende T-Shirt-Massaker abzuwenden.

Die Gattin spürte meine Unlust, weitere Hemden ans Licht zu ziehen. Jedes Loch in meinem T-Shirt-Lager würde ein Loch in meinem Leben bedeuten. Was Frauen nie kapieren werden: T-Shirts besitzt man nicht, um sie zu tragen. Wann auch? Zum Laufen nimmt man Fortschrittsfaser. Unterm Oberhemd sieht ein T-Shirt eher grenzwertig aus. Und die Sommertage sind rar, an denen man ganz auf locker eins überwirft. Soll man das lappige Ding vom Grünwalder Burgtriathlon 1989 anziehen zur Gartenparty? Die Botschaft würde ja lauten: Meine letzte Großtat datiert aus dem Jahr des Mauerfalls. Außerdem ist das Hemd viel zu eng. T-Shirts neigen dazu, gleichzeitig auszuleiern und zu schrumpfen.

T-Shirts soll man ruhen lassen. Der Schrank ist wie ein Fotoalbum. Es sind Erinnerungen. Jedes Stück Stoff erzählt eine Geschichte, von wenigen Siegen und ungezählten Niederlagen. Jedem Hemd kann man eine Frau zuordnen, eine Wohnung, ein Wetter, ein Gefühl. Auf meiner Beerdigung soll jemand mein Leben anhand meiner T-Shirts nacherzählen.

Vorsichtig zog ich die nächste Wurst heraus. Mona musterte das Textil. »Kein einziges Mottenloch«, murmelte sie. Sie hatte offenbar auf Schützenhilfe von Insekten gehofft. »Motten haben Respekt vor den Zeugnissen eines Sportlerlebens«, sagte ich mit leiser Bitternis. Ich war bereit, ein oder zwei meiner baumwollenen Freunde zu opfern.

Plötzlich klingelte das Telefon. Monas beste Freundin Hildegard. Sie wollte ihre jüngste Trennung nochmal durchsprechen. Ich trennte mich von drei teuren Sweatshirts, um der Gattin neuen Platz anzubieten. Die T-Shirts stopfte ich mit zarter Gewalt zurück. Das war knapp. Wir hatten noch mal Aufschub bekommen.

# 61.
# EIN FALL FÜR DIE SUPER-NANNY

*Dreck, Unordnung, kleine Tierchen: Achims Kleiderschrank sieht unmöglich aus – findet zumindest seine Gattin. Ihrer Meinung nach kann nur noch eine helfen: die Super-Nanny. Achim konzentriert sich derweil auf ganz andere Dinge.*

Ein kuscheliger Lotterabend. Ich hocke am Wohnzimmertisch, begraben unter einem Stapel Fachliteratur: Laufbücher, Newsletter, Trainingspläne, Internetausdrucke. Das Ziel: der perfekte Trainingsplan – maximale Leistungssteigerung bei ökonomischstem Ressourceneinsatz. Bestzeitexplosion mit zwei, meinetwegen drei Trainingseinheiten die Woche.

Ich habe die Heizung hochgedreht. Denn ich bin nur mit rattenscharfen Läuferdessous bekleidet, einem Finisher-T-Shirt vom Berliner Halbmarathon 2002 zum Beispiel, aus jener fernen Zeit, als Größe L passte. Ich atme flach, ziehe den Bauch ein und betrachte wohlwollend die hochgekrempelten Ärmel. Mona soll die Muskelstränge sehen, die sich sanft über jene Hügel ziehen, die vor wenigen Wochen noch aus Quark bestanden. Mein aktuelles Körperkultivierungsprogramm läuft nach Plan. Stahl, dein Name ist Achilles.

Aber meine zauberhafte Gattin will keine Muckis sehen, sondern die Super-Nanny. Meine Frau liebt es, bei unordentlichen Menschen in die Wohnung zu gucken. Als die Kamera genüsslich durch das Kinderzimmer von irgendeinem Kevin fährt, das aussieht wie nach einem Bombenangriff, brüllt Mona: »Achim, guck mal, dein Schrank ist im Fernsehen. Und all das Gerümpel, das drumrum liegt, auch.«

So ein Quatsch. Die Kommode mit meinen Laufklamotten ist vielleicht nicht militärisch aufgeräumt. Aber sie hat dennoch eine Ordnung. Meine Ordnung. Intuitiv-kreative Läuferordnung. Ich weiß fast immer ganz genau, in welchem Knäuel sich die zweite Socke verbirgt.

Natürlich kann man nicht immer alle Sachen gleichzeitig im Schrank aufbewahren. Im regnerischen Spätherbst sind manche Sachen nun mal dreckig, das heißt, eigentlich sind sie nur nass, Schuhe zum Beispiel. Wären sie trocken, dann würde Mona sie gar nicht als dreckig empfinden, sondern nur als leicht staubig, das könnte man ausklopfen. Es ist eben Flugdreck, rein oberflächlich, der erst einmal trocknen muss. Aber das versteht Mona nicht. Sie wittert kleine Tiere überall und findet, dass Läuferhaushalte ein Fall für die Super-Nanny sind.

Das ist schon deswegen Quatsch, weil ich ziemlich reinlich bin. Fast immer ist eine Waschmaschine mit Laufklamotten vollgestopft. Wäschetrommel und -ständer sind mein externer Laufsachenspeicher. Was gerade gewaschen wird oder auf der Leine hängt, das muss wenigstens nicht in den Schrank gequetscht werden, sondern kommt direkt wieder zum Einsatz. Andererseits erzeugt die ewige Wäscherei und Trocknerei bei Unkundigen wie Mona den subjektiven Eindruck einer permanenten Vorläufigkeit. Frauen haben die Fähigkeit, immer das Nebensächliche wichtig zu finden.

Im Läuferleben entscheiden ganz andere Dinge als aufgeräumte Schränke. Der Trainingsplan zum Beispiel. Am Fiasko der vergangenen Jahre waren immer nur die Pläne schuld. Der Trainingsplan ist mein natürlicher Feind. Denn er ist immer so gestaltet, dass ich ihn beim besten Willen nicht einhalten kann, jedenfalls nicht länger als zwei Wochen. Deswegen werde ich für das kommende Jahr einen Wohlfühlplan gestalten. Ich nehme alle großen Ratgeber und suche mir jeweils das Beste raus. Bei Peter Greif zum Beispiel.

Seit langem habe ich mir mal wieder sein Online-Training spendiert, um zu schauen, ob seine Fremdenlegionärsausbildung inzwischen etwas sanfter verläuft. Leider nicht. Immer noch die gleiche Schinderei. Wer in seinem Läuferleben Steffny, Klemmbrett-Karraß und den garstigen Greif mitgemacht hat, wird bemerken: Alle fordern jede Woche Tempo und wachsende Strecken. Für den optimalen Trainingsplan 2008 werde ich also diese beiden Elemente offenbar nicht umgehen können. Wobei das Klemmbrett für stabiles Tempo plädiert, wohingegen Greif mehr Spiel im Speed fordert. Einigkeit herrscht bei den Gurus hingegen darüber, dass man in der wunderbaren Zeit ohne Wettbewerbe unbedingt die degenerierten Muskelstränge an Bauch und Rücken reanimieren soll.

Damit stehen die wesentlichen Punkte der Trainingswoche bereits fest und unterscheiden sich nicht wesentlich von Guantánamo: einmal Tempo, einmal Strecke, einmal Bauch, einmal Rücken, jeweils im Hightech-Studio mit Rüttelplatte und Elektroschocks. Wenn ich dann noch eine Stunde mit Klaus Heinrich spaßlaufen will, also eigentlich wollen wir uns nur gemeinsam über das herrschende Feminat erregen, rechnen wir also diese Stunde laufender Psychohygiene als Regeneration hinzu, sind wir bei fünfmal Training die Woche. Leider sieht der Plan plötzlich genauso aus wie jedes Jahr. Aber diesmal werde ich ihn knallhart durchziehen.

# 62.
# JA, AUCH ICH HABE GEDOPT

*Kaum ein Spitzensportler, der noch nicht beim Medikamentenmissbrauch erwischt wurde. Natürlich hat Achilles auch schon verbotene Substanzen probiert.*

Ja, schluchz, ich gestehe, schnief, auch ich habe gedopt, schluchzschnief, ich habe mich, schneuz, meine Gegner – kurze Kunstpause – die ganze Welt – längere Kunstpause, leises Stöhnen – belogen. Seit Tagen übe ich diesen bewegenden Auftritt. Jeder Ausdauersportler, der auf sich hält, hat ja jetzt ein Solo im Fernsehen, nur Jan Ullrich, Lance Armstrong und Dieter Baumann nicht. Ich will auch zum Epostrip zu Beckmann. Aber nicht unter 50 000 Euro, sagt Mona.

In der Tat habe ich auch mal gedopt. Es war vor drei oder vier Jahren, am Morgen des Berliner Volkstriathlons. Ich war zu dick, zu schlecht trainiert und maximal motivationslos. Aber Klaus Heinrich war auch am Start. Es ging also um alles. Gegen meinen niedrigen Blutdruck habe ich erst einmal zwei große Tassen Espresso mit wenig Milch gefrühstückt und dann aus Monas Diätpillenkiste noch eine Handvoll Guaranakapseln gemopst.

Guarana schwimmt heute in jeder Babybrause. Das Zeug kommt aus dem Busch, wo es Eingeborene seit Jahrhunderten unkaputtbar macht. Ich wäre aber bestimmt nicht durch den Dopingtest gekommen. Muss ich jetzt das lappige Finisher-Shirt wieder abgeben?

Dabei ist mir nur schlecht geworden, der Mund ganz trocken trotz Seewasser, und fast wäre ich abgesoffen, weil mein Herz so raste. Auf jeden Fall möchte ich mich bei all meinen Gegnern entschuldigen, dass ich beim Schwimmen eine so jämmerliche Figur abgegeben habe. Dieses Jahr werdet ihr es wieder mit Achim, dem Kuschel-Delfin, zu tun bekommen, der garantiert nur Astrareste im Blut hat.

Mich würde allerdings mal interessieren, ob beim Volkssport wirklich alle sauber antreten. Neulich hörte ich von einem erfahrenen Volksradfahrer, dass ein paar Aspirin, in Cola gelöst, die dicken Beine auf den letzten Kilometern herrlich betäuben. Katarina, meine Apotheken-Bekanntschaft aus dem Ostwestfälischen, die ich schon seit Jahren erfolglos um Epo anwinsele, erzählt von einem Laufkumpan, der beim Marathon sogar unterwegs noch eine Handvoll Entzündungshemmer der Marke Diclofenac einwirft.

Betäubst du noch, dopst du schon richtig oder bestellst du nur im Internet? Natürlich ist es kein richtiges Doping, was der Lauftrainer Greif in seiner Online-Apotheke anbietet. Deren Werbesprüche klingen wie aus der Freiburger Giftküche entliehen. »Maca Sativa« zum Beispiel, das die »Testosteron-Produktion im Körper fördern« und »ohne Einschränkungen auch in großen Mengen verzehrt« werden kann. Hier gibt es natürlich Guarana, das »stärkste und natürliche Anregungsmittel«, und allerlei anderes Zeug, was die Sauerstoffaufnahme herauf- und die Regenerationszeit herabsetzt. Alles nicht verboten. Aber die testosteronfreudige Anpreiserei illustriert die Denke dahinter: Hier kann ich mir einen Vorteil kaufen, der bis dicht an die Verbotszone reicht. Was überlegt sich da wohl manch ein Hobbyläufer, der trotz heftigen Trainings nicht mehr schneller wird?

Die Dopingbereitschaft ist ein fester Bestandteil der Wettbewerbsgesellschaft, die nicht Moral will, sondern Erfolg. Was nervt, ist die moralische Empörung, mit der Politik, Funktionäre und Medien über genau jene Athleten herfallen, die so wohldosiert ihre Geständnisse abgegeben haben, dass sie keine juristischen Folgen zu befürchten haben. Die Zeigefingerwedler sind die gleichen Bessermenschen, die unsere Jungs verspotten, wenn sie mal nicht vorn dabei sind. Bei Olympia in Peking, wenn ein Heer chinesischer Zombies mit allen Mitteln um die staatlich befohlenen 119 Medaillen fightet, kann man sich das Gemecker anhören.

Gegen eine erbarmungslose Öffentlichkeit hat kein Sportprofi eine Chance. Er sitzt in der Falle: Ohne Doping keine Siege, ohne Siege kein Jubel, weder Sportförderung, Sponsoren noch Vertragsverlängerung. Unser Hochleistungssystem erzwingt das schizophrene Verhalten der Athleten geradezu: Tue alles, um schneller zu werden, denn nur der Schnellste zählt.

Und das ist beim Volkssport nicht anders. Ein Marathonveranstalter sollte mal folgendes Experiment machen: Jeder Teilnehmer bekommt bei der Nummernausgabe ein kleines Fläschchen mit einer verbotenen, aber hochwirksamen Substanz, die ihm eine um fünf bis 15 Minuten bessere Zeit verschafft. Der Freizeitsportler kann das Zeug nehmen, heimlich zu Hause, oder auch einfach ins Klo kippen.

Wie viel Prozent würden zumindest mit dem Gedanken spielen, Monate entbehrungsreichen Trainings pharmazeutisch ein wenig abzusichern? Wie viele würden behaupten, sie hätten es weggekippt, aber trotzdem genascht? Und wie viele würden es aufbewahren? Man weiß ja nie. Ich hätte es natürlich weggekippt, logisch. Spannend wäre sicher auch, ein paar unangekündigte Urinproben bei den Deutschen Rad-Meisterschaften der Ärzte und Apotheker zu nehmen, die jeden Sommer auf Bahn und Straße ausgetragen werden.

Wer den Einsatz verbotener Mittel mit dem Hinweis auf Moral unterbinden will, glaubt auch daran, dass erhobene Zeigefinger gegen Steuerhinterziehung, Korruption oder Falschparken helfen. Leider funktioniert das strukturell zur Vorteilsnahme neigende Menschenskind ganz anders. Es verhält sich nur dann regelkonform, wenn es Angst hat, erwischt zu werden. Geschwindigkeitsbegrenzungen werden auch nur dort eingehalten, wo alle paar Meter ein Blitzer steht.

Im Sport wird viel zu wenig geblitzt. Derzeit rennen die Dopingfahnder der Mafia mit ihren leeren Urinbechern hilflos hinterher. Doping wird erst dann weniger, wenn die Fahnder so gerissen sind wie die Doper. Dafür brauchen sie keine Moral, sondern Geld, von Sponsoren, Politik und Fernsehen. Früher gab's den Sportgroschen. Jetzt ist es dringend Zeit für den Doping-Euro.

# 63.
# SCHLAMMFROMME SCHWEINEREI

*Der Herbst ist die Hölle für jeden Läufer. Doch Achim entdeckt zwischen sumpfigem Morast und derben Regenschauern das ultimative Wohlgefühl. Die Probleme fangen erst an, wenn man nach dem Lauf nach Hause kommt.*

Früher, als die Schmuddelhefte noch unterm Ladentisch lagen, erfreuten sich Männer an Bildern von Frauen, die sich knapp bekleidet im Morast balgten. Schlammcatchen, das war der ungezähmte Vorläufer vom »Sexy Sportclip«. Manche Lebewesen scheinen eben eine tiefverwurzelte Zuneigung zum Matsch zu hegen: Elefanten zum Beispiel, Kleinkinder und Wildschweine, vor allem aber Läufer.

Wer später im Herbst in eng anliegendem Beinkleid, weißen Socken und Edeltretern in den Wald rennt, der muss einer dieser Schlammfetischisten sein. Denn nach einer Stunde bricht er als verkrustetes Wesen aus dem Dickicht. An den Schuhen klebt je ein Pfund Modder, die ehedem weißen Socken können zum Sondermüll, und der Rest der Klamotten gehört samt Läufer direkt in den unbarmherzigen Strahl des Kärchers.

Völlig schwachsinnig, das herbstliche Feuchtbiotop-Gerenne – und doch unendlich wunderbar. Voller Andacht wird der Läufer eins mit der Schöpfung und den Elementen. Schlammfromm. Moorpackungen sollen ja außerdem sehr gesund sein. Die ersten

Meter versucht man noch, die Schuhe trocken zu halten. Aber das gibt man nach drei Minuten auf. Das ist etwa der Zeitpunkt, zu dem der Körper auf eine angenehme Betriebstemperatur hochgefahren ist. Kälte, Nässe, Schmutz – alles egal. Schmerzfrei im Schmutz suhlen, das ist besser als jedes Urschreiseminar. Dreckwasser schmatzt im Takt der Schritte in den Schuhen, nasse Zweige peitschen das Gesicht.
Dann setzt die Phase der Schichtverkrustung ein. Wer zum nach hinten auswerfenden Schritt neigt, trägt eine breite Kotspur auf dem Rücken, was auf hellem Hemd sehr bald nach Stinktier aussieht. Wer den Dreck hinterher auch in den Haaren wiederfindet, sollte seinen Stil dringend überprüfen.
Auch die Innenwade wird frisch lackiert. Bei jedem Schritt wird ein Hauch Waldboden vom vorbeifliegenden Schuh in den Wadenhautstreifen zwischen Hosenbündchen und Sockenoberkante eingearbeitet. Hält fast so lange wie ein Tattoo. Der Genießer weiß: Da hilft nur die Wurzelbürste. Es sei denn, man vergisst diese Stelle beim Duschen. Dann wird das weiße Handtuch schietig.
Nach 15 Minuten spätestens tritt der vom herbstlichen Trübwald euphorisierte Läufer endgültig in die Scheißegalphase ein. Keine Kurven mehr um Pfützen, stattdessen mittenrein. Juchheisa! Meistens sind sie tiefer, als sie aussehen. Der Tröpfelregen vermischt sich mit dem Stirnschweiß zu einem kontinuierlichen Bach, eine Eigen-Elektrolyt-Behandlung, die bestimmt verboten ist. Ununterbrochen hat man den Geschmack einer Margarita im Mund, aber nur den Salzrand.
Leider muss ich den Funrun fast immer allein antreten. Klaus Heinrich hat eine Dreckallergie. Sobald auf seinem feinen Laufzeug auch nur ein Stäubchen zu ahnen ist, fängt er hysterisch an, an sich herumzuklopfen. Er ist ein gottverdammter Herrenjogger, der Gottfried von Cramm der Laufbewegung. Neulich waren wir unterwegs, als plötzlich leichter Niesel einsetzte. Ich jubelte, Klaus Heinrich wurde hysterisch. »Die Schuhe kriege ich nie wie-

der sauber«, jammerte er. Dabei wirft er sie sowieso nach jedem Lauf in die Waschmaschine.
Umso genüsslicher ließ ich mich in die kleinsten Pfützen platschen, auf dass er auch bestimmt die fetten Spritzer abbekam. Mit Sprüngen, die jedem liebestollen Känguru zur Ehre gereicht hätten, versuchte er dem Streufeuer zu entkommen. Vergeblich: Bis zum Auto hatte ich seine linke Seite hübsch gesprenkelt.
Klaus Heinrich gehört zu jener Sorte Menschen, die einen Handfeger im Kofferraum spazieren fahren, wofür auch immer. Damit arbeitete er den Schlamm nun sehr gleichmäßig ins Hosengewebe ein. »Da atmet nix mehr«, sagte ich fröhlich, »jetzt kriegst du ein Schweißbein.«
Als ich nach Hause kam, schlug mir Mona die Tür vor der Nase zu. »Schuhe aus«, bellte sie durch den Briefschlitz. »Die sind gar nicht dreckig, nur ein bisschen nass«, entgegnete ich. »Die Hose auch«, befahl meine Gattin. »Aber Schatz, doch nicht im Hausflur«, wimmerte ich. Oben hörte ich eine Tür klappen. »In der Wohnung erst recht nicht«, sagte Mona. Ich riss mir hektisch die Elastohose vom Bein. Jemand kam die Treppe herab. »Lass mich rein, Liebling«, flehte ich. Mona öffnete die Tür eine Scheckkartenbreite. »Du siehst aus wie ein Schwein«, fand sie. Ich drängelte in die Wohnung und nahm sie in den Arm: »Aber ein glückliches.«

# 64.
# FETT, NICHT FIT

*Alle Jahre wieder ... steht der Läufer vor einem unlösbaren Problem. Soll man der alten Tradition frönen und sich weihnachtliche Leckereien gönnen? Klar, aber in Maßen. Doch leider sind viele Athleten den Zimtstern-Attacken und Glühwein-Verlockungen nicht gewachsen.*

Oh, großer Trainer im Himmel, vergib den sündigen Läufern ihre verdammten Fressanfälle. Verwandele Schokolade in Tofu und fettes Fleisch in Magerquark. Überall lauern die Gefahren für den Läuferleib, der seine stählernen Zeiten schon wieder seit Monaten hinter sich hat. Eine Wampe, wie aus Marzipankartoffeln modelliert, und kein Ende der Spachtelmasse in Sicht. Zugleich kaum Zeit für Training. Zu viele Fresstermine.

Die Einladungsliste dieser Woche birgt schon wieder ein Kalorieninferno: drei Weihnachtsfeiern, jeweils zwei Gänseessen und Weihnachtsmarktbesuche, dazu der restliche Süßkram von Nikolaus, der so in der Wohnung verteilt ist, das man gar nicht umhinkommt, praktisch unbemerkt im Vorbeigehen ein halbes Pfund Schokolade (530 Kalorien, Angaben jeweils für 100 Gramm) zu inhalieren. Ganz am Ende, wenn gar nichts anderes mehr da ist, sind auch noch die zähen Printen (430 Kalorien) von Tante Ruth aus Aachen fällig, die angeblich eine Spezialität sein sollen, sich aber genauso gut als selbstklebende Zwischensohle im Winterschuh machen würden.

Das Problem ist ja ein doppeltes: Die Zeit, die man nicht läuft wegen der vielen gesellschaftlichen Verpflichtungen, die verbringt man mit Futtern. Also Treibstoff ohne Ende, aber ein Motor, der nur im Standgas tuckert. Man kann den Hüften beim Ausstülpen zuschauen. Advent, Advent, kein Kohlenhydrat brennt, wie der gestrige Montag wieder mal schmerzlich bewies. Zum Frühstück den Reststollen vom Wochenende (mit Marzipan), locker 200 Gramm, macht 800 Kalorien. Im Büro ein halbes Dutzend jener köstlichen selbst gebackenen Vanillekipferl von der herzensguten Frau Mönnich (60 Kalorien das Stück) mit je einem Dominostein als Belag (je 25 Kalorien).

Komischerweise hatte die gigantische Kantinen-Kohlroulade, die in einem guten Liter Soße angeschwommen kam, keinerlei Probleme, in die mikroskopisch kleinen Zwischenräume zu schlüpfen, die mein seit Wochen überfüllter Magen überhaupt bot. Der Verdauungstrakt fühlte sich an wie eine Altpapiertonne, die seit Wochen nicht geleert, aber täglich gewaltsamer gefüllt wird.

Nur mal theoretisch: Selbst ein strammer Stundenlauf über elf Kilometer in der Mittagspause, der so um die 1000 Kalorien vernichten soll, hätte kaum gereicht, das Gevölle des Vormittags abzufackeln. Womit wir beim nächsten Problem wären: Voller Bauch, der läuft nicht gern. Schwimmen soll man ja nach dem Mahl auch nicht.

Weil aber in der Weihnachtszeit nach dem Essen ständig vor dem Essen ist, gibt es folglich kaum eine freie Minute fürs Laufen. Allein der Gedanke daran macht mich seekrank. Dabei müsste ich dringend mal wieder; wenn ich überhaupt noch in diese verdammt engen Hosen passe.

Spätestens am Nachmittag beim Gang auf den Weihnachtsmarkt ist das schlechte Gewissen gemeinsam mit dem guten Vorsatz schlagartig verschwunden, gerade so, als ob der Eierpunsch derlei Gedanken verfliegen lässt. Kann es sein, dass stark gesüßter Eierlikör mit viel süßer Sahne und einer Extraportion Zucker eine extrem psychedelische Wirkung hat? Ich schwöre, ich wollte mir ein stilles Wasser bestellen, aber die bezaubernden Kollegen hatten mir bereits ein Glas gelber Pampe in die Hand gedrückt. Kann man ja nicht ablehnen, wäre sehr unhöflich.

Mit jedem Schluck spannte sich das Finisher-T-Shirt, das ich unter dem Geschäftshemd trug, ein wenig strammer um mich herum, obwohl es schon ein XL war. Die Hungerhaken, die ich abends mit Kopflampe durch den Tiergarten wieseln sah, als ich mit dem Auto nach Hause fuhr, die machten mir Angst vor mir selbst. Herr Doktor, bin ich noch normal, wenn ich nicht mit einer Diodenfunzel am Hirn zwischen den Bäumen herumstolpere?

Zu Hause überraschte mich Mona netterweise mit einer Monster-Käseplatte. Ich hätte die ganze Nacht wetzen müssen, um das Kalorienkonto wenigstens auszugleichen. Am Wochenende habe ich mich mit Klaus Heinrich und seiner Glühweinfahne durch den Grunewald gequält. Nicht auszuschließen, dass der ein oder andere Vogel vom Baum gefallen ist, nachdem er versehentlich in Klaus Heinrichs Ausdünstungen geraten war.

Kann auch sein, dass die nächste Erdbebenzentrale leichte Ausschläge verzeichnet hat, dort, wo wir auftraten. Eng anliegende Läufertextilien in bunten Farben können nicht nur optisch unvorteilhaft sein. Am Schlachtensee liefen ein paar Kinder hinter uns her. Wahrscheinlich wollten sie ein Autogramm. Sie hielten uns für Teletubbies.

## 65.
# GLÜHWEIN MIT FOLGEN

*Achim ist ein gerngesehener Gast auf Weihnachtsfeiern. Er sieht gut aus und lässt sich leicht abfüllen. Sogleich hat der Wunderläufer eine Dame an seiner Seite. Doch als ein großmäuliger Kampfzwerg vor ihm auftaucht, kann er seine Übelkeit nur schwer verbergen.*

Die ärgsten Feinde der Winterform sind pöbelnde Partner, die Unlust an sich und Weihnachtsfeiern. Kaum hat man sich ein knappes Pfund Fett von den Rippen gehungert, lauert irgendwo wieder dieser Zwei-Komponenten-Kleber aus Glühwein und Marzipan. Leider sind Läufer gerngesehene Gäste auf Weihnachtsfeiern. Sie sehen gut aus, sind schnell betrunken und man kann sich wunderbar lustig machen über diese Deppen, die im Eisregen zwei Stunden durch die Matsche hecheln. So wie neulich.
Kaum hatte ich die mit albernen Weihnachtselch-Lichterketten dekorierten Büroräume einer feierwütigen Redaktion betreten, kam auch schon die dralle Frau Walter aus der Dispo auf mich zugetorkelt. Die Weihnachtsfeier dieser Tage ist ja zweigeteilt. Die blondierten Damen Anfang 50, alte Schule also, wissen, was sich gehört, richten das ganze hochkalorige Sortiment appetitlich an und tunen den Glühwein mit einer guten Buddel Goldkrone. So wie Frau Walter.

Die verkniffenen Mittdreißigerinnen dagegen bringen Möhrensticks und Gurkenhäppchen in der Tupperdose von zu Hause mit, die bis zum Abend natürlich labbrig und fleckig sind. Warum muss Gesundheit eigentlich immer eklig aussehen? Da helfen weder das fett- und geschmacksfreie Schlechte-Laune-Dressing noch der mit Traubensaft verlängerte Rooibostee, der »fast wie Glühwein schmeckt«, wie das rachitische Fräulein Strubel verzweifelt erklärt.

Wenn ich ein Eisenspan wäre und diese beiden Pole magnetisch, dann wüsste ich aber, wo ich andocken würde. Frau Walter spürte das umgehend, hakte sich unter und schleppte mich zum Glühweinbottich. Sie drückte mir einen Halbliterkrug in die Hand und schenkte bei jedem Schluck gleich nach. Das Zeug roch wie aus dem Baumarkt und brannte in den Augen. Egal. Frau Walter lächelte. Und ich trank. Läufer haben eben eine unheimlich erotische Ausstrahlung.

Hinten am Kopierer stand Kurze und redete auf eine Azubine ein, die ebenso pflichtschuldig wie gelangweilt nickte. Kurzer Da-geht-was-Blick wird an Fiesheit nur von seiner Angewohnheit getoppt, sich über den Umweg Hosentasche ebenso hemmungslos wie ausdauernd am Gemächt zu kratzen. Mir wird immer schlecht, wenn ich Kurze sehe. Leider durfte ich meine Übelkeit nicht zeigen, als er auf mich zusteuerte.

Kurze ist ein großmäuliger Kampfzwerg, kaum höher als ein Türstopper. Aber er hat das Sagen im Finanzwesen und ist für pünktliche Überweisungen zuständig, auch an mich. »Na Achilles, gut im Futter, was?«, brüllte der Idiot durch den Glühweindunst. Ich zog den Bauch ein und verbarg den Schokoladenlebkuchen in meiner hohlen Hand. Schon stand Kurze vor mir. Die Linke in der Hosentasche hatte mal wieder gut zu tun. Linkskrauler, aber Rechtshänder, zum Glück. »Sportsfreund …«, sagte Kurze markig und hielt mir die Rechte hin. Ich schlug ein, schwor aber zugleich, an diesem Abend keine Lebensmittel mehr anzufassen.

Kurze stieß an mit seinem an meinen Becher. »Weg mit dem Scheiß«, röhrte er, »und morgen früh Alkoholverdunstungstraining, oder? Mann, Achilles, alter Einzelkämpfer, wir wollten doch immer mal laufen gehen.« – »Jederzeit gern, Herr Kurze«, log ich. Alles, nur das nicht. Fakt war, dass er gern mit mir laufen würde, ich aber nicht mit ihm. Wahrscheinlich würde er sich auch beim Laufen pausenlos lausen. Und die ganze Zeit mit seinen sensationellen Bestleistungen angeben. Kurze ist einer dieser Typen, die sich die eigene Sportvergangenheit hemmungslos zusammenlügen: Schulmeister über 5000 Meter (unter zwölf Minuten), Jugend trainiert für Olympia (nur eine Verletzung verhinderte Gold) und natürlich in einer Klasse mit Mark Spitz, Andy Brehme und Andreas Baader.
»Morgen früh halb acht, Ecke Tiergartenstraße«, befahl Kurze. »Ääh, die Kinder …«, erklärte ich, aber er entgegnete nur: »Wieso, ham se keine Frau mehr?« Manchmal gefiel mir seine Art zu denken. Ich würde Mona einfach sagen, es sei ein Dienstlauf, den ich einfach nicht ablehnen konnte. Chefs pflegen ihre Kontakte auf dem Golfplatz, die Intelligenzija geht lieber laufen.
Kurze reckte den freien Daumen in die Luft, drosch mir auf die Schulter und raunte: »Ziehn se sich mal warm an«, und kehrte zielstrebig zur jungen Beute zurück. Ich verfluchte mich, dass mir nicht irgendeine Ausrede eingefallen war.
Ich beschloss, bald zu gehen. Leider hatte Frau Walter schon wieder nachgeschenkt.

# 66.
# HÖLLENDUELL GEGEN DEN HULK

*Das hat Achim nun davon. Auf der Weihnachtsfeier nicht aufgepasst, schon hat er eine Laufverabredung an der Backe. Dumm nur, wenn der Gegner ein Vorgesetzter ist und auch noch irre fit wirkt. Aber Achilles weiß sich zu wehren.*

Warum hatte ich mich auf diesen Irrsinn eingelassen? Wie kann man so dämlich sein, sich spät nachts auf einer Weihnachtsfeier für den Morgen danach zum Laufen zu verabreden? Und dann noch mit »Hulk« Kurze, Chef der Finanzbuchhaltung, jenem Zerberus, der mich mit einem Klick pro Monat stracks in die Armut befördern kann.
Ich hatte den Wecker mehrfach geschlagen, bevor Mona mir einen nassen Waschlappen um die Ohren schlug. »Steh auf«, knurrte meine Gattin: »Du hättest heute Morgen um halb acht den Lauf deines Lebens, hast du heute Nacht gelallt, als du auf dem Boden lagst, weil du mal wieder an deinen Socken gescheitert bist.«
Ich versuchte, zu antworten, aber es kam nur Gurgeln. Glühweinreste hatten Mund und Hirn verklebt. Ich zog mir die Decke über den Kopf. »Viel Spaß«, hörte ich Mona durch die Daunen sagen, »du hast bestimmt noch zwei Promille – und 20 Minuten bis zum Start.« Ach du Schreck! »Halb acht, Tiergarten«, dröhnte es durch meinen Schädel. Es war die Stimme von »Hulk« Kurze. Er wollte mich zum Duell fordern, unter verschärften Bedingungen.

Aufrichten in Superzeitlupe. Ich hasse die Schwerkraft. Und schon wieder Sockenkampf. Mir war übel. Der Glühwein hatte einen Nachgeschmack von Batteriesäure hinterlassen, mit einer Spur Katzenurin. Hatte ich wirklich mit der alten Walter Lambada getanzt? Oder war es nur ein Albtraum gewesen? Und was klebte unter meinem Gaumen? Fühlte sich an wie ein Lebkuchen vom vergangenen Jahr.

Als ich vor die Tür trat, war es 7.19 Uhr. Bei vollem Tempo brauche ich 13 Minuten bis zum Tiergarten. In meinem Zustand locker das Doppelte. »Du riechst«, hatte Mona zum Abschied gesagt. Ich schnupperte, aber mir fiel nichts auf. Frauen riechen viel zu detailliert. Schweißnass erreichte ich den Treffpunkt, höchstens fünf Minuten nach Zielzeit. Kein Kurze. Verdammtes Großmaul. Die Arroganz des Kassenwarts.

»Achilles, alte Partyschlampe«, dröhnte es aus dem Gebüsch. Kurze. »Erstmal 'ne Stange Wasser weggestellt«, brummte er und reichte mir die Hand. Urgh. Das glühweinsaure Aufstoßen beim Herlaufen hatte mir ohnehin schon höchste mentale Körperkontrolle abgerungen. Kurze sah aus wie die Fußballerikone Manni Burgsmüller: ehemals blaue Trainingshose mit Steg, Adidas Samba in Schwarz, Kapuzenpullover mit Schweißrändern seit dem Pleistozän. »Zwei Stunden locker und dann noch ein paar Sprints«, befahl Kurze grinsend. »Sonst gern«, log ich, »aber ich muss um halb neun arbeiten.«

Kurze trabte wie ein Rauhaardackel. Er stampfte auf den Boden, als wollte er ihn bestrafen. »Früh gegangen gestern, wa?«, begann Kurze. Ich nickte. Es war deutlich nach zwei gewesen, und meine Magenschleimhaut weinte schon Blut. »Wir sind noch weitergezogen«, prahlte Kurze, »die Azubine wollte mich ja gar nicht mehr loslassen.« Komisch, ich hatte bei dem armen Mädchen einen völlig anderen Gesichtsausdruck in Erinnerung.

Beim Laufen machte Kurze Geräusche jenseits des Atmens. Kann sein, dass es die Kunstfasern seiner Hose waren, die scheuerten. Kann aber auch sein, dass er ungeniert seine Magenwinde an die frische Luft ließ. Warum trottete ich neben diesem ungehobelten Gnom zu nachtschlafender Zeit durch den Tiergarten? Ich wollte nicht mit ihm reden, laufen, gesehen werden. Es war nur seine Macht, als Herr der Überweisungsträger.

Kurze brüllte: »Sprint bis zur Bank!« Mir war Schnellerlaufen völlig unmöglich. Dann hätte ich mich für einen der beiden Wege entscheiden müssen, die sich unablässig vor meinen Augen kreuzten. »Erster«, brüllte Kurze. »Schön, dass ich Ihnen eine Freude machen konnte«, dachte ich. Die frische Luft holte mich langsam aus dem Hades zurück. Zum Glück roch ich meinen Schweiß nicht. Hinter uns fielen bestimmt reihenweise Eichhörnchen und Rabenkrähen bewusstlos von den Bäumen.

Kurze schwieg auffallend lange. Ich blickte vorsichtig hinüber. Er war plötzlich leichenblass und keuchte. Das war meine Chance. Behutsam zog ich das Tempo an, jede Minute einen Viertelschritt. Kurze stöhnte. Ich drückte vorsichtig weiter. Kurze röchelte. Ich verschärfte. Kurze fiel ab. Ich lief weiter.

Kaum 100 Meter später hörte ich einen erbärmlichen Schrei. Kurze stand vornübergebeugt, die Hände auf die Knie gestützt. Er war fertig. Gemächlich drehte ich um. »Alles klar?«, fragte ich. »Kreislauf«, japste Kurze. Ich brachte ihn zur nächsten Haltestelle, spendierte ihm ein Ticket und winkte dem Bus hinterher. Federnden Schritts lief ich nach Hause. Die Hierarchie des Unternehmens hatte sich neu geordnet.

# 67.
# EIN WEIHNACHTEN ZUM DAVONLAUFEN

*Man soll nur das schenken, was einem selbst gefällt. Achim Achilles ist anderer Ansicht: Präsente müssen wehtun, sonst bringen sie dem Athleten nichts. Des Wunderläufers Problem ist: Die Gaben der Lieben sind zwar sehr suboptimal, von der Stelle kommt er dennoch nicht.*

Seien wir doch mal ehrlich: Weihnachten ist des Läufers blanker Horror. Sitzen, fressen und böse Blicke ernten, wenn man nur ganz vorsichtig fragt, ob es denn vielleicht möglich sei, dass man heute Nachmittag, also nur ein winzig kleines Stündchen durch den Grunewald ... »Nein«, bellt Mona ohne Anzeichen von Kompromissbereitschaft, »es ist Weihnachtszeit.« Aha. Und wo steht, dass in der Weihnachtszeit Laufverbot herrscht? In der Bibel nicht. Im Grundgesetz auch nicht. Und das sind die einzigen beiden Bücher, die ich akzeptiere, wenn es um Verbotenes geht.
Leider kann man mit Frauen nicht sachlich diskutieren, schon gar nicht an einem Adventssonntag. Den ganzen Dezember über wollen die Frauen nachspielen und -spüren, was sie das ganze Jahr über im Werbefernsehen betrachtet haben: glückliche Kinderkulleraugen, Papas in kuschelweichen Pullovern zum Anlehnen und Frauen, die frisch geföhnt Leckereien aus einer super aufgeräumten Küche tragen. Und immer sitzt die ganze Familie gemeinsam auf dem Sofa und kuschelt.

Prima Illusion, aber fernab der Realität. Der Kleine quengelt, weil er mehr Schokolade will, der Große quengelt, weil er zu seinem Kumpel will, der schon zu Nikolaus eine Playstation geschenkt bekommen hat, Vati steht mit Schürze in der Küche, um die nächste Kalorienbombe zu zünden, obwohl er viel lieber laufen gehen würde, sich aber aus Angst vor einer Abfuhr nicht zu fragen traut. Die Gattin schließlich sitzt auf dem Sofa und wartet darauf, dass endlich das große Kuscheln anfängt.

Wenn es nach mir ginge, würden wir Weihnachten abschaffen, vor allem den Geschenkequatsch. Ein Tuschkasten und ein paar Bauklötze für die Kinder, fertig. Leider ist Weihnachtsboykott völlig undenkbar in Familien, in denen ein Läufer zu Hause ist. Läufer sind ideale Geschenkopfer für wohlmeinende Frauen und Kinder. Ich wette, dass ich von Karl wieder ein selbst gemaltes Läuferbild bekomme, das siebte oder achte, auf dem ein vollschlankes Mondkalb mit Streichholzbeinen am Horizont entlangläuft. »Papa beim Mahraton« steht darüber. Im vergangenen Jahr hatte Karl dem Kalb ein paar Laufstöcke an die Hand gegeben.

Am Heiligen Abend wird wieder eine große schauspielerische Leistung verlangt, wenn ich haltlose Freude und Überraschung zum Besten geben soll. Schlimmer sind nur Monas Präsente. Vor vier Jahren, mitten in der Debatte über den Irakkrieg, hat sie mir ein Laufhemd in Tarnoptik geschenkt, sündhaft teuer und aus Italien, nur leider untragbar im politisch korrekten Grunewald. Vor drei Jahren musste ich jubeln über einen Stepper, den ich nach Monas Willen auf dem Balkon hätte benutzen sollen.

Zuerst hatte ich versucht, beim Treten Fernsehen zu gucken. Aber das TV-Gerät war beim besten Willen nicht so zu drehen, dass man es vom Balkon aus hätte sehen, geschweige denn hören können. Also stopfte ich mir Stöpsel in die Ohren und versuchte durch gleichzeitiges Zeitunglesen die CD über modernes Familienmanagement zu überhören, die mir Mona zum Stepper dazu geschenkt hatte. Es dauerte eine Weile, bis ich merkte, dass die

Nachbarn, die aus den Fenstern der anderen Straßenseite gafften und winkten und brüllten vor Lachen, mich meinten.
Was ich die letzten beiden Jahre von meinem Mönchen geschenkt bekam, habe ich sicherheitshalber verdrängt. Das größte Geheimnis von langen Ehen und langen Laufkarrieren ist das Gleiche: Man muss vergessen können, viel und schnell.
»Was wünschst du dir eigentlich zu Weihnachten?«, hatte Mona vor ein paar Tagen wieder mal geschäftsmäßig gefragt. Ich weiß genau, dass diese Frage nicht ernst gemeint war. Sie schenkt mir nie, was ich will. Läufer sind schlau genug, sich alle Dinge, die sie wirklich besitzen wollen, selbst zu kaufen. Denn Ehefrauen von Läufern neigen dazu, in kompletter Fehleinschätzung des Gatten und seines Sports alberne Themengeschenke zu machen. Vielleicht komme ich dieses Jahr mit einem Laufbuch und dem Jux-Duschgel »Waschbrettbauch« davon. Ehrlich, so was gibt es wirklich, habe ich neulich bei Mona auf dem Computer gesehen.
Was ich mir wirklich zu Weihnachten wünsche? Ein Konto mit 100 Stunden Trainingszeit, die man überall und jederzeit einlösen kann, ohne Debatten oder lästige Kompensationspflichten. Oder Geschenke, wie Klemmbrett sie macht: Beim letzten Gruppentraining im Wald hat er zuerst endlos viele Minutenläufe angeordnet und zum Schluss, als alle schon scharf auf Glühwein waren, noch ein extra Tempotraining im Stadion befohlen. Nur Präsente, die wehtun, überraschen den Läufer angenehm.

# 68.
# EIN BISSCHEN LIEBE UND SEHR VIEL VERNUNFT

*An Weihnachten hat Achim keinen Spaß. Seine Diät und die vielen Genüsse dieser Zeit harmonieren nicht miteinander. Geschenke fürchtet er, denn eigentlich hat er schon alles. Das Vorhaben: straffer Festtagszeitplan, damit mehr Zeit fürs Training bleibt.*

Am Vormittag gehe ich auf jeden Fall trainieren. Im Grunewald sind wenigstens keine mit leckeren Dingen gefüllte Kühlschränke, um die ich herumschleichen könnte. Es war eine Irrsinnsidee, ausgerechnet im Dezember eine Diät zu beginnen. Nur die Aussicht auf den schlanksten Januar seit 20 Jahren lässt mich in demütiger Düsternis darben. Mona sagt, ich solle einfach kleinere Portionen essen. Wie kann das gehen? Gänsekeulen sind wie Deutschland – unteilbar. Halbierte Knödel sehen unästhetisch aus. Und wer will schon eine angebissene Marzipankartoffel weiterlutschen?
Zum Glück ist Mona mal wieder auf Diät. Sie will nichts trinken und nur wenig essen. Karl ist froh, wenn er Fernsehen gucken und dabei unsere Weihnachtsteller plündern darf. Wir werden ein Fest von etwas Liebe und sehr viel Vernunft feiern. Im KaDeWe werde ich eine kleine Flasche Champagner kaufen, 0,375 Liter, die wahrscheinlich genauso viel kostet wie ein Sixpack Veuve Spülstein bei Aldi. Dazu einen Klacks Gänsestopfleber.
Was mir Mona dieses Jahr wohl schenkt? Eigentlich habe ich alles. Neue Funktionsunterwäsche könnte ich gebrauchen. Ob-

wohl: Ich glaube ja nicht an intelligente Fasern. Wären Sportleibchen wirklich schlau, würden sie nicht freiwillig stundenlang auf meinem Rücken kleben.

Vielleicht lieber eine Monatsportion MyMix: Vitamine und Mineralstoffe, nur auf mich und meinen Turboleib abgestimmt und individuell angemixt, in 30 kleinen Tütchen. Empfiehlt das Bundesforschungsministerium. Von beiden Sachen habe ich Mona wie zufällig eine kleine Anzeige auf den Tisch gelegt, so als ob ich sie dort vergessen hätte. Das klappt seit 20 Jahren nicht, ich versuche es trotzdem immer wieder.

Voriges Jahr kam sie mit diesem albernen GPS-Dingsbums, das ich mir an den Oberarm schnallen sollte, um vom Satelliten zu erfahren, dass ich gerade auf der meistbefahrenen Straße Westeuropas überrollt werde. Ich hoffe, ich habe mich nicht so überschäumend gefreut, dass sie dieses Jahr wieder auf die Idee kommt, mir sichtbar zu tragendes Spielzeug zu schenken, das die Wildschweine im Grunewald vor Lachen durchs Unterholz kugeln lässt. Frauen verschenken ja gern Sicherheitsschnickschnack, Signalweste oder Stirnlampe, damit der Ernährer zwar lange wegbleibt, aber heil nach Hause kommt.

Der in die Jahre gekommene Laufguru Peter Greif, der derlei Scherzartikel vertreibt, führt in seinem Laufdiscount noch ganz andere Sachen: zum Beispiel Reizwäsche für den Sexy Runner. Statt Eingriff glitzert da Lack im Schritt. Sehr verschärft, keine Frage, nur dürfte der kleine Peter nach spätestens fünf Kilometern Hardcore-Scheuern im Plastikfutter einem ungegrillten Cevapcici gleichen. Bitte nicht, Mona.

Ich will auch artig die Einkaufsliste abarbeiten, die du mir in die Hand gedrückt hast, für die Kosmetikabteilung im KaDeWe, mit Produktnamen und Menge. Ich muss nur noch die Kreditkarte auf den Tresen feuern, in Ohnmacht fallen, fertig.

Wir sollten Weihnachten rigoros verkürzen: Kirche, Köhler, Präsente, Schluck Schampus, Teelöffel Leber und ab in die Falle. Nächsten Morgen dann früh raus zum Training. Der ganze Weihnachtszauber wäre in 24 Stunden locker erledigt, wären die drei heiligen Könige nicht so erbärmlich langsame Walker gewesen. Und ich hätte endlich Zeit fürs Training. Damit das nächste Jahr nicht wieder eine so lausige Saison bringt wie das vergangene. Vielleicht werde ich ja tatsächlich nochmal schneller. Die Hoffnung stirbt zuletzt.

# 69.
# DIE ZEHN GEBOTE
# DES WINTERS

*Sonne, Regen, Hagel, Schnee? Achim läuft bei jedem Wetter und zu jeder Jahreszeit. Im Winter braucht es allerdings ein paar besondere Verhaltensregeln. Sonst wird die nächste Saison genauso mittelmäßig wie die letzte.*

So geht das nicht weiter. Dieser Winter wird grausam, wenn ich so weiter faulenze. Ein Mann braucht ein Ziel, und sei es noch so dämlich. Mona sagt, ich soll aufhören, mich selbst zu betrügen. Eigentlich sei ich gar kein Läufer, behauptet meine Gattin und guckt diabolisch gleichgültig mit einem Schwefelhauch von Spott um die Mundwinkel: Ich sei ja nur ein Gelegenheitsjogger.
Eine Weile bin ich zutiefst beleidigt. Wo kommen wir denn hin, wenn jetzt die Frauen auch noch Recht haben? Vor lauter Getroffensein kann ich heute nicht zum Training gehen. Warum auch? Ich weiß ja nicht mal, wofür ich trainieren soll.
Kurz vor Mitternacht sitze ich allein in der Küche. Alle schokoladenen Eisreste aus dem Kühlfach sind vertilgt, die Pfütze in der Rotweinflasche macht mich depressiv. Alles macht mich depressiv. Laufen vor allem. Aber Nichtlaufen macht mich noch viel depressiver. So unfit, wie Mona meint, bin ich eigentlich gar nicht. Und die paar Kilo zu viel fallen kaum auf: höchstens drei. Oder fünf. Jedenfalls bestimmt nicht mehr als sieben. Letzte Woche bin ich über zehn Kilometer gelaufen, an den beiden Trainingstagen zusammen jedenfalls.

Auweia, Achilles, was ist los? Früher ranntest du 50 bis 70 Kilometer die Woche. Höchste Zeit für einen Grundsatzmonolog. Es nützt alles nichts mehr. Keine Ausflüchte, keine Behelfskonstruktionen. Du bist schlecht und faul. Die Zeit für einen Neustart ist gekommen. Nicht am 1. Januar oder sonst einem fernen magischen Datum. Nein. Jetzt. Also morgen. Obwohl – das sind nur noch sechs Stunden. Sagen wir übermorgen.

Hmmm. Man hat den Neustart noch nicht mal vollzogen, da geht die Drückebergerei schon wieder los. Also gut, keine Ausreden. Morgen früh, halb sieben. Médoc hin, Primitivo her.

Aber wie kann ich verhindern, dass ich in den gleichen Trott von Lustlosigkeit falle, der mich die letzten Wochen, also eher Monate, gefangen gehalten hat? Wie lauten die Erkenntnisse der letzten Jahre Ausdauersport? Was sind Achims Zehn Gebote?

Ich fange an, den Rand der *Zeit* zu bekritzeln, eine perfekte Zeitung für Notizen. Überall Weißflächen. Punkt für Punkt fügt sich das Werk zusammen, an das mich zu halten ich jetzt in diesem Moment wild entschlossen bin.

### 1. Du sollst im Winter trainieren

Da schwitzt man nicht so viel und fühlt sich hinterher heldenhafter. Außerdem sind nur ernstzunehmende Athleten unterwegs; das erhöht die Motivation. Zum Glück liegen die Walker unter ihren Laubhaufen, anstatt den Wald zu verunstalten.

### 2. Suche dir ein Rennen, auf das du dich freust

Weil nur die Angst zu ernstem Training treibt, muss es ein Frühjahrslauf sein, der eine Herausforderung darstellt, ohne zu demotivieren. Marathon ist zu lang. Anfang April ist der Berliner Halbmarathon. Perfekt.

### 3. Laufe nur selten ohne Uhr

Kontrolliere dein Tempo. Peile drei Rennzeiten an: die Mindestzeit, also die des letzten Jahres, eine gute Steigerung, also drei Minuten besser, und schließlich deine Traumzeit, also irgendwas

Unrealistisches um 1:30 Stunden. Trainiere auf die Fabelzeit hin. Downgraden kommt früh genug.

**4. Mache einen Plan**
Und der ist ganz einfach. Laufe zweimal die Woche das, was du am meisten verabscheust, sagen wir mal: Tempoläufe. Also einmal viele kurze und dann noch einige lange. Gehe an deine Grenzen, aber nie über 90 Prozent. Du weißt immerhin, dass es hilft.

**5. Vermeide Verletzungen**
Laufe nie mit Schniefnase, die wird fast immer schlimmer. Höre auf dein Knie. Fang endlich mit dem Stretchen an, wenn die Hüfte wieder nervt.

**6. Erhole dich**
Gehe eine Stunde früher ins Bett, jeden Abend. Glaube nicht, dass bei Kerner irgendwas Interessantes erzählt wird.

**7. Vergiss den ganzen Motivationsschnickschnack**
Alle Tricks haben eines gemeinsam: Du durchblickst sie. Keiner funktioniert. Mache das Laufen zu deiner selbstverständlichsten Alltagsbeschäftigung.

**8. Verschenke deine Rotweinvorräte**

**9. Suche dir Laufpartner, die etwas schneller sind als du und dich für Monate mit verachtenden Blicken strafen, wenn du auch nur eine Verabredung schwänzt**

**10. Rufe deinen Trainer an und lasse dich zusammenstauchen**

Leider war bei Klemmbrett nur die Mailbox dran. Komisch, war doch erst ein Uhr morgens. »Na endlich«, hat Klemmbrett am nächsten Morgen dann gesagt, »wurde auch langsam Zeit, dass du wieder angreifen willst.« Ich habe es erst später abhören können. War ja laufen. Das mache ich ab sofort wieder jeden Tag. Fast jedenfalls.